コミュニティ政策のはなし

淑徳大学コミュニティ政策学部 編

執筆者

石川　久　　本多敏明
青柳涼子　　矢尾板俊平
瀧　直也　　寺本博美

成文堂

はしがき

「コミュニティ」も「政策」も、今日では、一般的な言葉としてよく使われている。そして、ともに「なんとなくわかる」言葉でありながら、じつは「よくわからない」言葉でもあり、厳格な定義や概念を求めることはそう容易なことではない。まして、その「コミュニティ」と「政策」をセットにしたのだから「コミュニティ政策」とは、との問に答えることは、その汎用性ゆえに多くの困難が伴うことになる。

コミュニティは、従来「共同性」と「地域性」などの要素を持つ「つながり」と理解されてきた。これが「エリア型コミュニティ」である。さらに課題解決能力に着目して、福祉やまちづくりなどのテーマを持って結びつき活動する「つながり」、つまり「テーマ型コミュニティ」に期待する動きも盛んになってきた。

端的にいえば、一定の範囲（地域）にいる人々の「暮らしやすさ」も含めてそれぞれのテーマについて問題を解決し、さらに活動を展開することによってコミュニティを形成・活性化し、具体的施策を行ってより良い暮らしを作り上げていく方策が「コミュニティ政策」といってよいだろう。

本書は、淑徳大学で２０１０年度に開設されたコミュニティ政策学部の学びを紹介することを主たる目的として刊行されたものである。そして、東日本大震災などで注目された「コミュニティ」

や「絆」が人々の暮らしにいかにかかわり、生きる糧となっているかを考える機会にしてほしいという思いも込められている。

序章では、コミュニティ政策を学ぶために必要となる基本的な用語と考え方を紹介する。次に、具体的な課題・分野についてコミュニティのかかわりを踏まえながら論議を展開していく。第1章では、東日本大震災に淑徳大学が派遣したボランティアの「真実」を交えて共生・共感をつくり上げる福祉とコミュニティについて、第2章では、家族、特に子育ての環境とコミュニティの形成について、第3章では、コミュニティの政策問題と今後求められるイノベーションについて、第4章では、コミュニティ政策学部の実践科目での具体的活動を紹介しながら、人間形成とコミュニティについて論じている。そして、終章において、学びの場である大学が政策のプラットフォームとして、地域特性に対応した連携のモデルづくりの重要性を論じている。

本書では、あえて特定の編者を設けず「コミュニティ政策学部編」とし、緩やかな方針のもとに、それぞれの執筆者が、大学での担当を中心に、その取り組みや考えを紹介することとした。それは、教員としての執筆者の「個性」を感じてもらうとともに、幅広い分野を対象とするコミュニティ政策には様々な切り口があり、「おもしろい」学びであることを、感じてほしいという願いを込めて、である。

コミュニティ政策を対象とする学問・研究分野は、未だ成熟してはいない。この分野は、学際的であり、また、人々の暮らしに直結する事項を対象とするため、その確立にはなお多くの課題がある。しかし、コミュニティ政策は、日々の暮らしにとって実在する「政策」である。実学を基調とする淑徳大学の学びは、「福祉マインドを持つプランナー」の育成を目標としている。本書が、この目標達成のために役立つことを願ってやまない。

石川　久

はしがき　i

序章　コミュニティ政策とは何か……1
1　大震災で注目された「コミュニティ」……1
2　多様なコミュニティ……3
地域コミュニティ……3
コミュニティといえばマッキーバー……3
魅力的な言葉としての「コミュニティ」……6
3　「コミュニティ政策」とはなにか……7
コミュニティ政策のはじまり……7
「エリア型」コミュニティと「テーマ型」コミュニティ……8
コミュニティの定義……10
政策とは何か……11
コミュニティ政策とは何か……12
4　コミュニティ政策の担い手……14
基礎自治体としての市町村……14

民間の事業者、町内会・自治会……15
活発なコミュニティ活動～松戸市の常盤平団地の自治会の例から～……15
求められる持続可能な取り組み……17
5　政府の危機とコミュニティ……18
補完性の原理……18
日本の行財政事情……19
行政改革と社会福祉基礎構造改革……23
6　協働によって活性化を……24
第1章　福祉とコミュニティ――豊かに生きる……27
1　「人を支える側」への転換を求めて……27
コミュニティは誰かが作ってくれる?……28
コミュニティ作りの「はじめの一歩」……29
2　「ちがい」を抱える人びとがともに生きるコミュニティ……30
「ちがい」こそコミュニティの特徴……30
「差別」や「争い」を繰り返さないために……31

目　次

3　福祉と無関係の人はいない……32
関係的障害……32
Aさんの怒り……34
4　「ともに生きる」・「共生」の意味……36
ボランティアとは……36
支援を超えて……38
5　トゥギャザー・ウィズ・ヒム……39
長谷川良信の言葉……39
「待つ」という支援……41
6　「よこの発達」……43
糸賀一雄の発見……43
共感の世界……46
7　「共感の世界」とコミュニティ……47
第2章　家族とコミュニティ――子育ての社会環境……51
1　関係性へのまなざしの重要性……51

「家族とは○○である」アンケートの結果……51
家族の定義……53
コミュニティとは何か……54
コミュニティは崩壊したか……55
2　産業化とコミュニティの変化……57
産業化と労働力の地域移動……57
農村と都市、つながり方の差異……58
3　産業化と家族の変化……60
労働力の地域移動と家族……60
家族構成の変化……60
家族規模の変化……63
4　女性の働き方と子育て……66
女性の働き方の変化……66
専業主婦化した世代―M字型曲線……67
「仕事と子育ての両立」という新しい問題……68
別居親族による子育てサポート……69

目　次

5　コミュニティは子育てを支えることができるか……71
近隣住民・友人・専門機関の強みと弱み……71
近隣住民・友人による子育てサポート……72
専門機関による子育てサポート……73
つながりを作る場の必要性……74

第3章　経済生活とコミュニティ
――経済社会の変化、イノベーションとコミュニティ政策……77

1　人口減少、高齢化に直面する日本……78
人口の動きを見る……78
就労世代の負担……81
2　「逆転の発想」で社会を支え合う仕組みに……82
高齢者の就労環境……83
3　年収1000万円以上のおばあちゃん：株式会社いろどり……84
4　社会の問題をビジネスの手法で解決する……86
高齢者雇用とソーシャル・ビジネス……86

ビジネス手法の必要……88
5　ソーシャル・ビジネスの仕組み……90
ソーシャル・ビジネスの条件……90
株式会社、NPO、ソーシャル・ビジネスの違い……91
6　投資・消費行動も社会を変える……94
日本の寄付規模……94
商品の社会性……96
7　社会にイノベーションを起こす……99
8　コミュニティ政策の原点は共感……101
第4章　人間形成とコミュニティ――体験活動を通した学び……105
1　コミュニティと資質……105
コミュニティとの関係性……105
全国調査の結果からわかること……107
2　コミュニケーション能力……112
3　「生きる力」と体験活動……115

「生きる力」とは……115
「生きる力」におよぼす影響……116
4 「社会人基礎力」と体験活動……118
「社会人基礎力とは」……118
社会人基礎力への影響……119
5 体験活動とコミュニティ……121
6 大学での実践例……122
淑徳大学コミュニティ政策学部の取組……122
主体的な学びとネットワークづくり……126
7 教育とコミュニティ……127
終章 大学とコミュニティ――政策のプラットフォーム……131
1 現代社会の大学像……132
経済学から見た大学……132
公共と共同……133
大学像の変遷……134

日本の大学……135
2　大学教育に求められるもの……137
大学教師の義務……137
大学教育の構造……138
アクティブラーニング……138
サービスラーニング……140
3　大学進学と地域性……141
諸外国の大学進学率……141
日本の大学の地域集中度……144
進学率と地域密着度……144
4　大学間競争と郷土意識……145
5　地域と大学連携……147
大学の社会貢献……149
地域経済の発展、活性化……151
地域での生活の質……153
地域医療・福祉教育……154

目　次

ソーシャル・キャピタル……155
あとがき……158

序章　コミュニティ政策とは何か

1　大震災で注目された「コミュニティ」

2011年の東日本大震災、かつては、1995年の阪神・淡路大震災などを経験し、「コミュニティ」は、人々のつながりを示す『絆』という言葉と相まって「大切なもの」「かけがいのないもの」として、広く国民に認識されるにいたった。阪神・淡路大震災の後、仮設住宅がつくられたが、入居は障がい者や高齢者等の緊急度の高い人からとなったため、旧来の近所付き合いが配慮されず、コミュニティが崩壊し、新しい「コミュニティ」が形成しづらい状況となったといわれる。その結果、「孤独死」が多数発生するなどの問題も生じた。

また、東日本大震災では、大津波の襲来により東北地方の太平洋側の海岸では、「町ごと消える」大きな被害を受けたところもある。家も、集落も、仕事もなくなり人々が離れ離れになって、コミュニティが崩壊したといわれている。

災害は、コミュニティを一躍注目される語としたが、それ以前からも、学問的に、また、国・地方自治体の文書はもとより民間の幅広い分野で「コミュニティ」という言葉が、盛んに使われていた。しかし、この用語が広がったのは、そう古いことではない。

そのきっかけは、1969年に国民生活審議会調査部会コミュニティ問題小委員会が『コミュニティ―生活の場における人間性の回復』という報告を行ったことといえるだろう。この報告では、当時、高度経済成長が都市における生活環境の悪化や人間関係の荒廃を引き起こしたという認識から、その解決策として、「コミュニティの創設」が提唱されたのである。以来、コミュニティは政治・行政分野のみならず、広く注目される語となっている。

2　多様なコミュニティ

地域コミュニティ

さて、この「コミュニティ」という言葉は、日本では、地域のつながりを強くイメージさせている。しかし、英語圏で日常使われる community は必ずしも地域性が強調される概念ではない。たとえば、職業仲間の「コミュニティ」もあり、その空間的広がりもかなり自由で、「コミュニティとしてのニューヨーク・シティ」というような使われ方もある。また、EC「欧州共同体」は、European Community である。

さらに、最近では、SNS（Social Networking Site）などを媒体とする空間の「コミュニティ」も見られるなど、多様な分野で使われている。

近隣など一定の地域、つまり「地」に根ざした場合は、「地域コミュニティ」といわれるが、日本の場合は、主に、この意味で使われてきたといってよい（図1-1参照）。

コミュニティといえばマッキーバー

日本では、コミュニティは英語の community の翻訳語として使われているが、これを学術的に

図1－1　コミュニティの分類

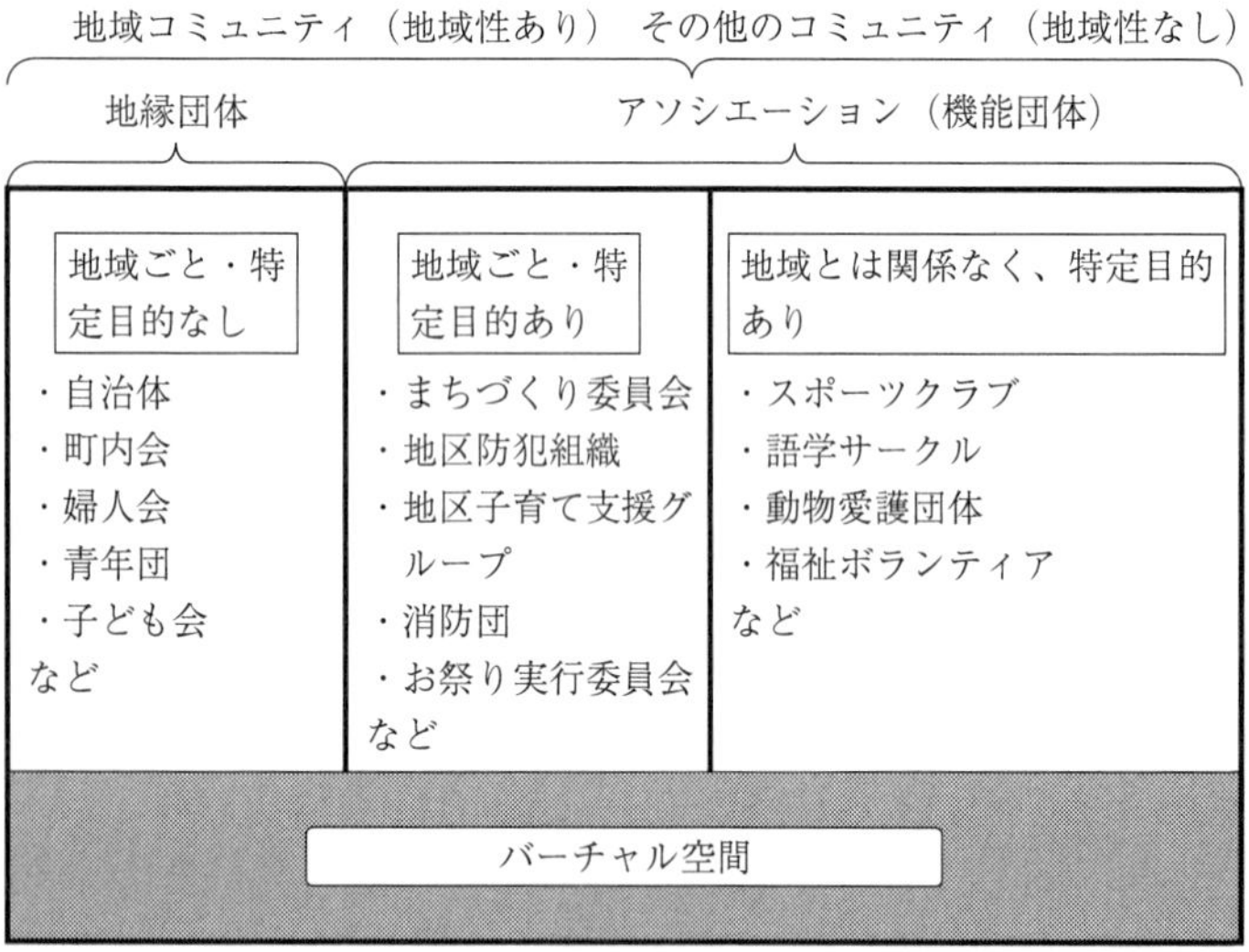

地域コミュニティ（地域性あり）
その他のコミュニティ（地域性なし）
地縁団体
アソシエーション（機能団体）
地域ごと・特定目的なし
・自治体
・町内会
・婦人会
・青年団
・子ども会
など
地域ごと・特定目的あり
・まちづくり委員会
・地区防犯組織
・地区子育て支援グループ
・消防団
・お祭り実行委員会
など
地域とは関係なく、特定目的あり
・スポーツクラブ
・語学サークル
・動物愛護団体
・福祉ボランティア
など
バーチャル空間

注　上記コミュニティの分類は概念的なものであり、その境界は曖昧であることが多い。
出典：総務省コミュニティ研究会（第１回）名和田委員提出資料『地域コミュニティの現状と問題（未定稿）』を一部加工。

意義づけ、コミュニティの理論を展開した代表的研究者は、アメリカの社会学者マッキーバー（Rovert M. MacIver）である。彼は、「コミュニティに対する意識として「我々意識」と各種の共通目的をもった、開放的でしかも構成員相互に信頼感のある集団を、われわれはコミュニティと呼ぶことにしよう」としている。しかし、その地理的範囲については、近隣から一国またはそれ以上の範囲まで、さまざまの場合があるとしてこの点には深入りせず、むしろ自然発生的なこのコミュニティと、それから派生した特定目的を持つ組織であるアソシエーション

(association) との対比に重点を置いた。

このほか数多くの研究者が「コミュニティ研究」に取り組んでおり、研究者の数だけその定義があるともいわれる。ヒラリー (G. A. Hillery) は、94の定義を見出し、この研究を行った。このコミュニティの定義に関する研究の結果、①一定の地理的範域を伴うこと、②構成員相互の交流があること、③共通の目標・関心事などの絆が存在することの3つの要素が、この概念に共通しているとされている。

それまで、日本語として使用されてきた「コミュニティ」は、こうしたコミュニティの定義にかなり忠実であったといってよいであろう。これは、日本の政府機関によって「コミュニティ」という用語の導入が行われた際に、日本のコミュニティ研究者が主要な役割を持って、この機関に参画したためと考えられる。しかし、「コミュニティ」を行政施策として展開しようとしたことにより、マッキーバーが提起した自然発生的な「コミュニティ」とは少し性格の違ったものになったといえるであろう。いずれにしろ、日本では、「コミュニティ」をめぐる論議は、おおよそ政府機関の問題提起と政策誘導を伴って活発化してきたことは確かである。

魅力的な言葉としての「コミュニティ」

①『コミュニティ―生活の場における人間性の回復』1969年報告

前述のとおり、1969年『コミュニティ―生活の場における人間性の回復』の報告では、当時、高度経済成長が都市における生活環境の悪化や人間関係の荒廃を引き起こしたという認識から、その解決策として、「コミュニティの創設」が提唱されたのである。以来、「コミュニティ」は政治・行政分野でも注目される語となっている。

この報告書では、「生活の場において、市民としての自主性と責任を自覚した個人および家庭を構成主体として、地域性と各種の共通目的をもった、開放的でしかも構成員相互に信頼感のある集団を、われわれはコミュニティと呼ぶことにしよう」としている。そして、「コミュニティ」は、かつての「ムラ社会」の秩序とは違った「新たな地域」のあり方を示すものとしている。顕著になった都市問題の解決のために、都市部におけるコミュニティのあり方を再考する必要性を指摘したもので、自然発生的な存在としてではなく、政策的に創設されるべきものとして位置づけられている。

②なぜ「コミュニティ」だったのか

では、なぜ、日本で「コミュニティ」だったのか。なぜ「助け合い社会」とか「支えあい社会」、ずばり「共同社会」では、いけなかったのか。端的に言うなら、それらは、使い古しの陳腐な言葉にすぎなかった、つまり、人びとを引きつけ、新しい「つながり」を期待させるにはあまりに魅力がなかったためと考えてよいだろう。これに比べ、「コミュニティ」は、何やら得体のしれない、しかし、何となく目新しい魅力を持った言葉ではないか。それは、行政施策のツールとして、人びとの暮らし―その範囲とつながりを「うまく」表現する言葉としての「コミュニティ」であり、この言葉を使うこと自体が政策的であったと考えられる。

3　「コミュニティ政策」とはなにか

コミュニティ政策のはじまり

この報告に沿って、「コミュニティ」を築くこと、さらに、行政施策の対象として、また、そこでの活動が地域社会と行政推進に寄与するものとして政策の展開が始まった。自治省（当時）は、コミュニティ対策要綱（1971年）を策定し、1971年から1973年に、全国に83箇所の「モデル・コミュニティ地区」を指定した。また、1983年から1985年に、147箇所の「コミュニティ推進地区」を指定した。その後、都道府県、市町村でも、このモデルに沿った事業を展開していった。

具体的な施策としては、小学校・中学校区程度の近隣の範囲ごとに旧来の町内会などとは違った組織（コミュニティ協議会など）と施設（コミュニティセンターなど）を整備し、それらを基盤とした施設運営やつながりの強化活動を展開しようとするものであった。そのねらいは、従来、行政の下部組織的で、長老が支配するような「町内会」（名称は、さまざまである）等を否定し、新しく市民で構成される市民的連帯を持つ組織活動を期待するものであった。

これが、政府が提起した「コミュニティ政策」のはじまりといってよいだろう。

しかし、日本における地域を基盤とした「コミュニティ」づくりは、三鷹市や武蔵野市など都市部において、新しい組織と施設づくりによって「成功」する例も見受けられたが、他の多くの地域では、新しい「コミュニティ協議会」の中心的役割を担う役員に、従来の町内会長をほとんどそのまま据えるなど、実態として、旧来型のしくみに大幅に依存している例が多かったのである。

「エリア型」コミュニティと「テーマ型」コミュニティ

「地域コミュニティ」のこだわりに、一石を投じたのが、2005年7月に国民生活審議会総合企画部会の『コミュニティ再興と市民活動の展開』と題する報告である。

この報告では、「人々の暮らしの中で様々なニーズが出現している一方、人と人とのつながりに属さない社会的に孤立した人の問題が深刻化している」、「地域社会では一人ひとりが単独で生きて

表２－１　地縁（エリア）型とテーマ型の特徴の対比

エリア型コミュニティ	テーマ型コミュニティ
生活全般にわたる活動	特定分野の活動が中心
原則、全世帯加入	自由な参加
行政区域内に限定	行政区域に限らない
行政の末端機能	行政からの自立

出典：『コミュニティ再興と市民活動の展開』

図２－１　拡大するコミュニティの役割

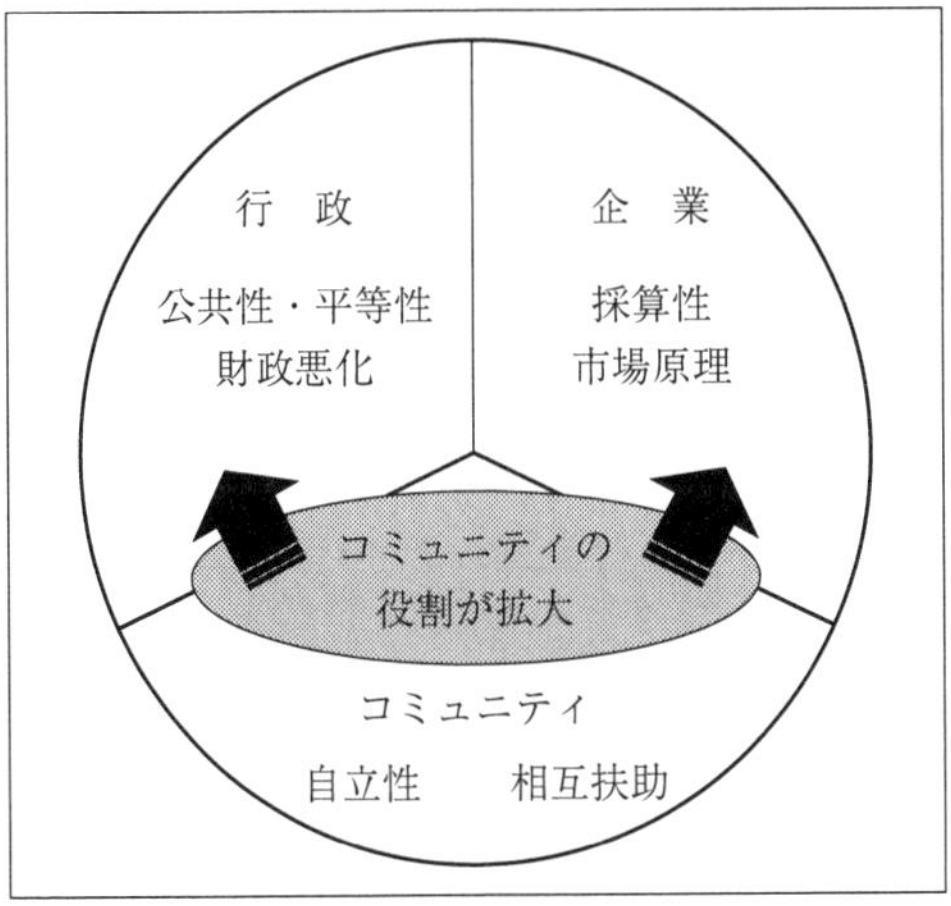

出典：『コミュニティ再興と市民活動の展開』

いけるわけではない。福祉や防犯、子育て、環境など身近な問題について、地域の人びとが共通の問題意識を持ち、つながりを形成しながら積極的に対応する姿勢がこれまで以上に重要になってきている」として、「自己解決能力を備えたコミュニティの役割」に注目し、コミュニティ再興の必要性を主張する。そして、「コミュニティとは、自主性と責任を自覚した人々が、問題意識を共有するもの同士で自発的に結びつき、ニーズや課題に能動的に対応する人と人とのつながりの総体のことをいう」として、コミュニティに新たな定義を与えている。市民活動団体や地縁型団体などの組織そのものをコミュニティと呼ぶのではなく、それらの団体の取組みを通じて形成される市民のつながりを「コミュニティ」と整理した。

ここでは、従来の地域を基盤とした「エリア型コミュニティ」が、高齢化、近所付き合いの希薄化などにより課題対応ができなくなりつつある一方、福祉、教育文化、まちづくりなどの市民活動を中心とする「テーマ型のコミュニティ」の創造が進んでいることを指摘し、行政でも企業でもない市民が形成するコミュニティの役割に着目したというのである（表2-1および図2-1参照）。

コミュニティの定義

「テーマ型コミュニティ」の提起は、従来の「地域コミュニティ」に立体感を加えることとなった。また、大震災の際に従来の「町内会」組織が、まさに行政の代替となって機能し、住民の避難・保護に活躍し「よりどころ」になった例も注目される。こうしたことから、歴史的つながりである「町内会」をことさら「否定」する必要もないだろう。むしろ再評価する必要もある。そこで、前述の1969年報告および2005年報告のそれぞれの定義や従来からの「コミュニティ」の諸定義を整理し、一応、コミュニティとは「それぞれの地域または領域において、自主性と責任を自覚した人々が、問題意識を共有するもの同士で自発的に結びつき、ニーズや課題に能動的に対応する人と人とのつながりの総体をいう」ととらえておくこととしよう。

政策とは何か

「政策」は、従来、公共政策の意味で使われてきた。「公共政策とは、政府の方針・方策・構想・計画などを総称したものであり、政府が、その環境諸条件またはその対象集団の行動に何らかの変更を加えようとする意図のもとに、これに向けて働きかける活動の案」（西尾2011）が、その代表的な定義といえる。

しかし、行政活動にニュー・パブリック・マネジメント（NPM）の考え方と手法が導入され、規制緩和、民間委託、民営化、実施部局のエージェンシー化などが推進されてきた。その結果、従来は行政機関の直営事業として生産・供給されていた行政サービスが、企業や民間非営利法人（NPO）などによって生産・供給される公共サービスに移行する傾向が顕著となり、行政機関による公共サービスは、公共サービスの一部を構成するにすぎない状態となっている。公共サービスの生産・供給主体は、ますます多元化し、行政機関による政策実施の機能は、公共サービスを生産・供給することそれ自体ではなく、政策目的の的確な実現をめざして公共サービス・ネットワークを形成し、これを適切に維持管理することに変わってきている。

そうすると、政府機関だけが「政策」の立案・実行の主体（担い手）ではないことになり、政府、民間を貫く「政策」の定義が必要となる。そこで、一応、「政策とは、課題を解決する方策であり、課題の設定、それらを解決するための方針、実施の計画およびそのために採用される施策等の体系」であるとしておこう。

コミュニティ政策とは何か

筆者は、コミュニティを、「それぞれの地域または領域において、自主性と責任を自覚した人々が、問題意識を共有するもの同士で自発的に結びつき、ニーズや課題に能動的に対応する人と人とのつながりの総体」ととらえるとともに、コミュニティ政策（community development）とは、「コミュニティにおいてより豊かなくらしを実現するための課題の設定、それらを解決するための方針、実施の計画およびそのために採用される施策等の体系」とした。

そして、地域の経済的発展のための政策やそのデメリットを調整する政策ばかりでなく、地域住民の連帯性、創造性、主導性、そして、各政策主体との協働を含んだコミュニティの形成およびその活動の展開を行う政策が、ここでいうコミュニティ政策である。

コミュニティ政策を研究・学習の対象としてみると、具体的には、地方自治体、主に市町村の政策、その骨格をなす自治体の計画、自治会・町会など地域の団体の組織と活動、NPO・NGOをふくむテーマ追求型の組織と活動、企業と地域等との関係およびその活動などである。さらに、その活動分野を例示的にあげてみると、自然との共生・環境の保全、安心・安全、健康づくり、福祉、文化・教育、スポーツ、産業、男女共同、市民参加・協働、これらを統合する地域の活性化・まちづくりなどである。

こうした活動の実態を理解するとともに、意義を確認し、課題の設定、それらを解決するための方針、実施の計画およびそのために採用される施策等の体系を学び、学びの主体者自らもその政策過程の実践を試みることになろう。

なお、国のコミュニティに関する政策もあるが、それは「全国的基準」であり、それらがコミュニティにどのような影響・効果をおよぼすのか、などという面から研究・学習するという意味において対象となる。

4　コミュニティ政策の担い手

基礎自治体としての市町村

自治体は、住民の福祉の増進を図ることを基本として、地域における行政を自主的かつ総合的に実施する役割を広く担う。国は、全国的に統一すべきこと、全国的な規模もしくは視点に立って行わなければならない施策や事業等を重点的に担い、住民に身近な行政はできる限り地方公共団体にゆだねることを基本として、適切に役割を分担し、地方公共団体の自主性及び自立性が十分に発揮されるようにしなければならない（地方自治法第1条2）とされている。

このことから、コミュニティ政策の策定・実行の最大の主体（担い手）は、地方自治体とりわけ市町村である。もとより、制度的に安定しており、一定の財源を持ち、条例制定権その他の公的権限を行使できることから、基幹的な政策を展開することができる。また、数百万人の大都市や近年合併した広域面積の自治体を除き、自治体そのものが「コミュニティ」といえる場合も少なくない。こうしたところでは、自治体行政の住民生活により具体的にかかわる分野は、コミュニティ政策と大部分で一致することとなる。

民間の事業者、町内会・自治会

政策の担い手が、政府ばかりでなく、自治会・町会など地域の団体、NPO・NGO、さらに企業（等の一部の活動）となると、当然ながら、それらの組織もまた、その事業をいかに進めるか、その方策が必要となる。これらの活動が、自治体などから詳細な仕様を指定されその指示どおりに行うのであれば、自治体の政策実行の一部であって、その組織にとっての「政策」ということはできない。しかし、①事業等の企画または実施が主体的であり、②独自に財源を調達し、③自らの人的物的資源を動員して実施される場合、そのコミュニティにおける事業は、その組織によるコミュニティ政策の実行と評価してよいだろう。

活発なコミュニティ活動～松戸市の常盤平団地の自治会の例から～

千葉県松戸市の常盤平団地自治会は、活発なコミュニティ活動で全国的にも知られている。そして、少子高齢化の典型的地域でもある。この団地の人口と高齢化の動向を見ると、人口が近年6年間でおよそ17・3％減少し、高齢化率は27・9％から40・0％へ、12ポイント以上上昇している。こうした実態は、この地域がやがて来るであろう日本の超高齢社会を、すでに具現していると思わせる。常盤平団地は、高度成長を支える労働者の住宅として生まれ、そこでの人びとの暮らしを支えてきた。入居当時中心世代だった20歳代、30歳代の住民は、すでに70歳代、80歳代となっている。

ところが、他の地域、他の住民と違うのは、当時入居した人びとを中心にして繰り広げられてきた自治会活動・福祉活動を通じて形成された地域コミュニティが、今日も息づいていることである。

２００１年に「白骨死体で3年経過」という衝撃的な「孤独死」事件が起きたことをきっかけに、『孤独死ゼロ作戦』を掲げ、見守り、安否確認、「孤独死予防センター」の設置と孤独死１１０番、「孤独死を考えるシンポジウム」などの活動を展開する。一方、その日常的つながりを醸成するため「いきいきサロン」での交流や仲間づくり、夏まつり盆踊り、常盤平さくらまつり、福祉フェア、スポーツ・フェア、高齢者による通学路見守り活動などの数多くの活動を組織的に展開している。さらに、「NPO法人　孤独死ゼロ研究会」も立ち上げ、活動を展開している。

この団地では、人びとが、地域で発生している様々な問題・課題に対して能動的に行動することと、それを実行する人々のつながりに価値と期待を見出したといえる。この団地組織は単なる近隣関係や行政連絡組織としての町会・自治会ではない。「われわれの暮らし」に直結する課題の解決に対して、ごく自然に、改めて説明や確認を必要としない程度に共通の価値観をもつ、そうした地域的、組織的な「まとまり」ができてきたのである。まさに、これが「コミュニティ」といってよいだろう。

団地自治会が主催するこうした活動は、すでに多くの実績を残しており、高齢者や一人暮らしについての「政策」としては、自治体の取り組みと比べても決して劣らないばかりか、すでに単なる団地住民の自主的活動とは言えないほどのレベルに達し、「コミュニティ政策」の策定と実行を担っているといえる。この団地の自治会を頂点とする団地の自治組織は「政策の主体」となっていると評価できる。

求められる持続可能な取り組み

コミュニティにおける自治会等民間組織が展開する「政策」は、国や自治体が担当するような基幹的な政策とはレベルを異にする。しかし、地域で発生している様々な問題・課題、たとえば、高齢者の処遇・生きがい、子育て、防災・防犯、孤独への対応、地域の魅力づくりにいたるまで、諸々の問題・課題は、これまでの国や自治体の政策実施の結果として、地域レベルで生じているものがほとんどすべてといってよい。しかも、生活の現場であるからこそ、その問題は具体的で深刻である。

当然ながら、それらへの対応として、自治体、とりわけ市町村の政策と具体的施策の展開が中心的で重要な役割を担っている。しかし、個々のケースに、よりきめ細かく対応するためには、最終的には人的サービスが必要となる。事態への即応性や現場性、その費用などを考えるといかに自治体政策であっても無尽蔵・無制限に対応することはできないからである。それを補完してきたのは、従来は、献身的な家族やボランティアによる支援活動であったが、この対応に疲れ、または人材が途絶えて不幸な結末となる場合も少なくなかった。つまり、継続可能な「しくみ」にはなりえなかったのである。

そこで、こうした状況をのりこえるため、公的介護保険制度なども始まった。介護の社会化は格段に進むこととなったが、それは個々の被保険者への介護サービスを中心とした「保険」という限界がある。そこで、ある程度組織的で継続可能な暮らしをトータルに支援する取り組みの必要性とその可能性が問われることになる。

5　政府の危機とコミュニティ

補完性の原理

地域福祉の計画などでは、個人でできることは個人でやる＝自助、個人でできないことは身近な人々の支援を受けて行う＝互助、さらに、地域の課題として取り組む＝共助、それでもできないことは政府の力で行う＝公助（扶助）、というように米沢藩主上杉鷹山の言葉も引用されるように、補完性原理（Principle of Subsidiarity）による政策実行が叫ばれている（図5-1参照）。

この原理は、ＥＵのマーストリヒト条約に掲げられた「自治」のあり方で有名になったが、もともとは、人間の尊厳を個人の自立に求めた上で、「問題はより身近なところで解決されなければな

図５－１　「自助」「共助」「公助」と地域福祉計画

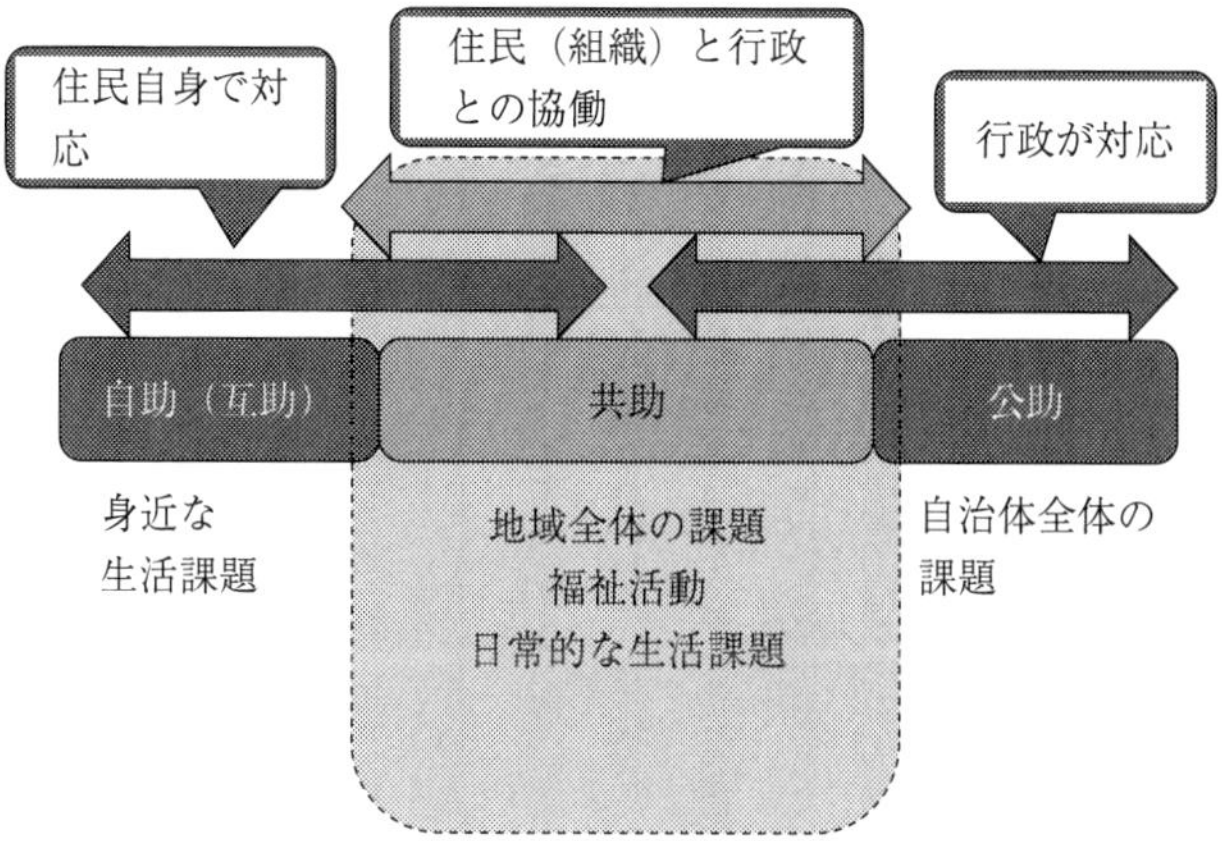

筆者作成

らない」とする考え方である。

日本では、地方分権を進める立場から補完性の原理の重要性が主張されたが、一方で、地方に仕事を回すことによって、中央政府の「負担軽減」をねらうという側面も否定できないのである。

日本の行財政事情

①国の事情

２０１２年度の国家予算（一般会計）全体では、税収はわずかに上昇したもののその他収入が半減したため公債への依存率は49％にも達している。公共事業費関係費が抑制される一方、社会保障関係費が大幅に伸びていることが特徴である。こうした傾向は、しばらく続いてきたし、このままでは、さらに続くと見られている。

この予算編成の結果、２０１２年度末には長期債務残高が国全体として709兆円程度になるとされ、国と地方を合わせると、940兆円程度、対GDP比196％に達すると見込まれている。この「借金体質」は、国際的に見ても深刻である。1994年には、日本の債務残高（一般政府、GDP比）は、世界の先進諸国と比較して高めではあったが、特別に高いわけではなかった。しかし、1999年にはそれまで日本より上位にいたイタリア、カナダを追い抜き急激な上昇を示し、今日では、はるかに高い水準となっている（図5-2参照）。

②地方の事情

2010年度の地方自治体の普通会計の純計決算額は、歳入97兆5、115億円（前年度98兆3、657億円）、歳出94兆7、750億円（同96兆1、064億円）で、歳入、歳出ともに減少している。また、前年度と比べると、歳入0・9％減（前年度6・7％増）、歳出1・4％減（同7・2％増）となっている。これは、歳入で地方交付税や地方債は増加したが、各国庫支出金の減少、個人住民税を中心に地方税が減少したためである。歳出については、子ども手当の創設や生活保護費の増加等により扶助費は増加したが、普通建設事業費、積立金、補助費等が減少したためである。

単年度収支（実質収支から前年度の実質収支を差し引いた額）は、2、258億円の黒字（前年度1、720億円の黒字）、また、実質単年度収支（単年度収支に財政調整基金への積立額および地方債の

図５－２　長期債務残高国際比較

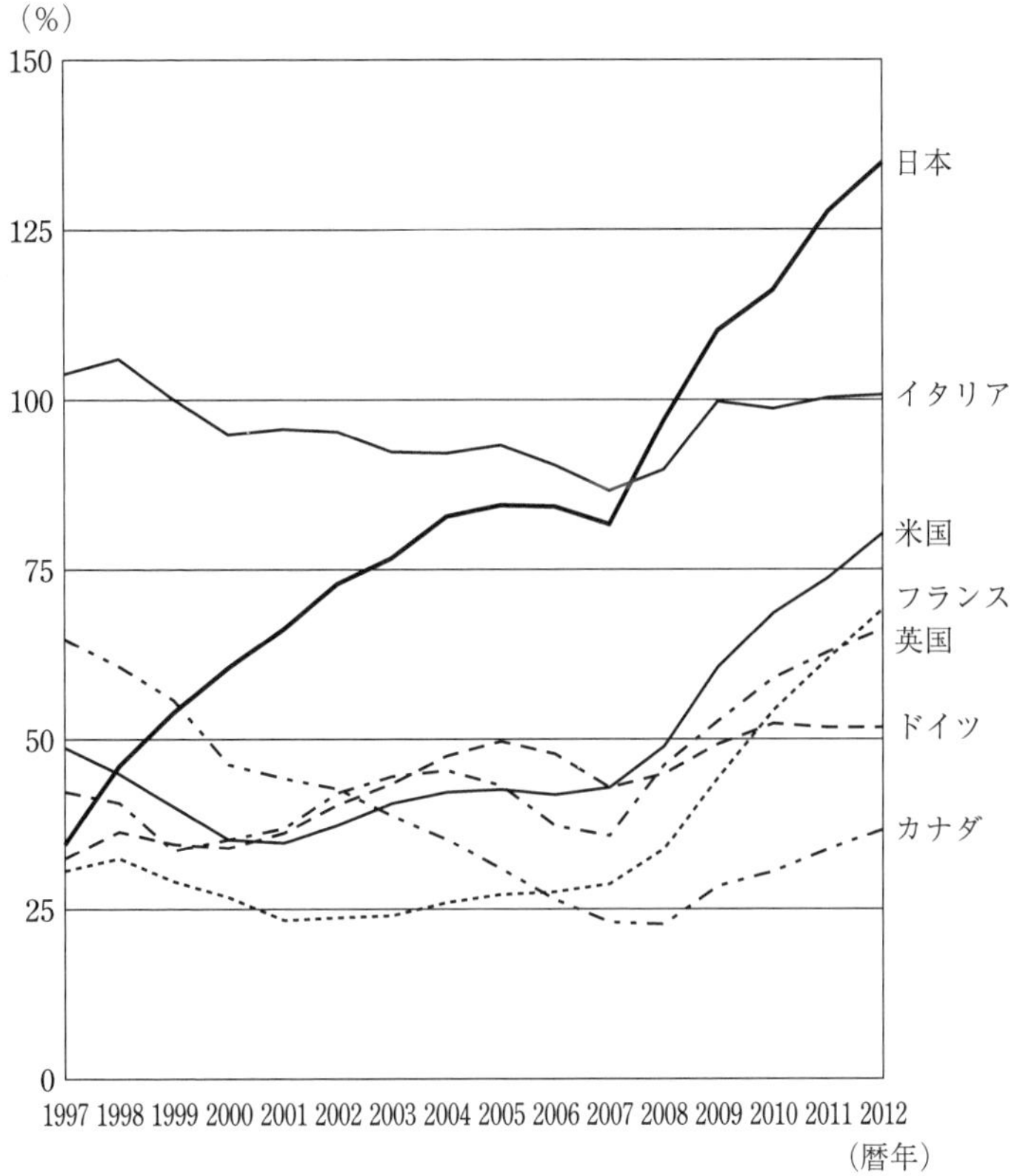

出典：財務省『我が国の財政事情』財務省主計局　平成23年12月

図５－３　地方財政・経常収支比率の内訳と推移

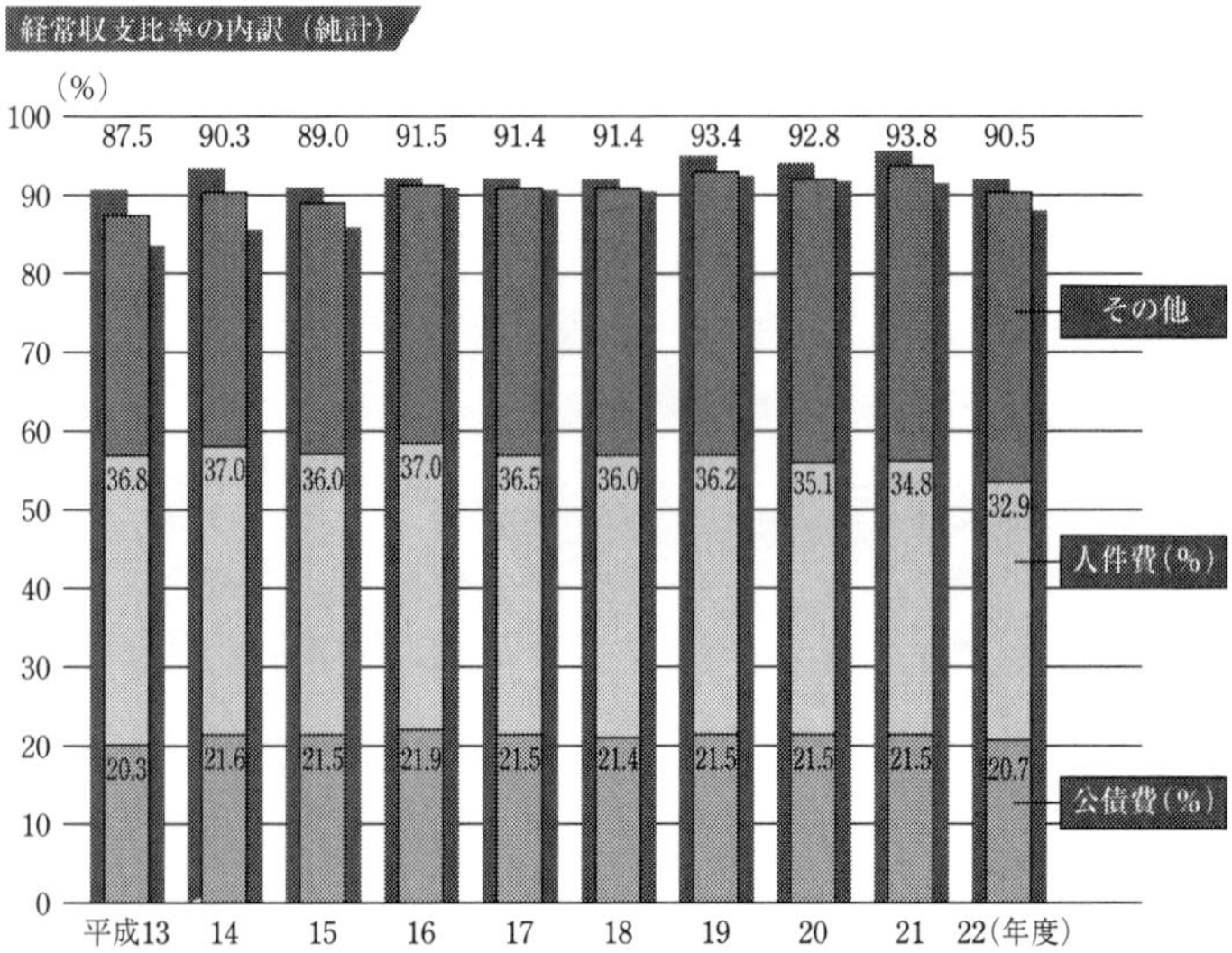

出典：平成24年版地方財政白書ビジュアル版（平成22年度決算）
（グラフ各年度左から都道府県、総計、市町村を示す）

繰上償還額を加え、財政調整基金の取崩し額を差し引いた額）は、１兆３９５億円の黒字（前年度２、３８２億円の黒字）となっている。

やや好転しているように見えるが、実態は、従来からの財政調整基金（蓄え）を取り崩しながらやりくりしている自治体財政の姿がある。その基金の残額もわずかとなっているところが多い。また、「事業をしない」ことによる黒字という結果も十分考えられる。

しかも、地方自治体の財政構造の弾力性を判断するための指標である経常収支比率をみると、２０１０年度で90・５％となりやや低下したものの、依然として「運営上危険」とされる財政構造の硬直化した状態が続いている（図5-3参照）。

行政改革と社会福祉基礎構造改革

こうした国、地方の行財政危機を打開するため、それぞれ行政改革、事務事業の見直しなどが行われてきた。2000年12月には、『行政改革大綱』が閣議決定され、特殊法人等の改革、国家公務員、地方公務員制度の抜本的改革、行政評価システムの導入などが示されている。また、地方分権の推進では、市町村合併の推進などに加え、事務・事業の見直し、組織・機構の簡素合理化、定員管理の適正化および給与の適正化等「地方行革」が掲げられている。こうした方針に従って、全国一斉に「行政改革」が進められた。

また、同年、社会福祉基礎構造改革が行われた。この法的根拠となった社会福祉法の改正では、「措置から契約（利用）へ」「利用者の利益を保護する仕組み」「社会福祉事業の追加、拡充による福祉サービスの活性化」と並んで「地域福祉の推進」が重点となっている。この「地域福祉」とは、まさに「コミュニティ」の活動に期待するものである。そして、規制緩和により公的部門を市場（民間）に開放し、これらの結果として、社会保障部門の政府支出を抑え込むことが大きなねらいであったといえる。

6　協働によって活性化を

政府政策は、全般的であり、どちらかといえば受動的であり、個別事項に即応できないという欠点がある。その点、コミュニティで、防犯や防災について注意しあう、子どもの成長をめぐっては各年代を通じたアドバイスや助け合いを行う、在宅の高齢者、障がい者の日常的な見守りを行うことなどは、「よく知っている人」の「現在に対応する」活動であり、地域の「安全・安心」の環境を実現する良策といえる。

また、政府機関にすべてを委ねることになると、当然ながら、それにかかる費用を、国民・市民が負担することになる。財政危機の現在、その資金を調達するためには、他の事業費の削減または借金、増税などが必要となる。いわゆる「ムダな事業・経費」が、まだまだ多い場合は、当面、そうした事業・経費の削減を行うことが必要である。そして、こうしたコミュニティ活動によって、従来の行政コストが削減できれば、それを、他の優先される事業費に回すことができ、負担増を回避できることになる。

民間のコミュニティ政策の実行・活動によって解決できる分野は、限られた分野にとどまるが、その集積と参加によって培われる地域力は貴重である。幅広いコミュニティ政策を展開するためには、政府としての自治体の活動が中心に位置付けられるが、人びとが生きる場所、生きがいを持つ場としてのコミュニティは、政府と市民がそれぞれの責任と役割を明確にし、ともに行動すること、すなわち「協働」によって実現され、活性化していくことになるだろう。

引用文献

国民生活審議会調査部会コミュニティ問題小委員会『コミュニティ―生活の場における人間性の回復』1969年。
中村八朗『都市コミュニティの社会学』有斐閣、1973年。
R. M. マッキーバー（中久郎他訳）『コミュニティ』ミネルヴァ書房、1975年。
国民生活審議会総合企画部会『コミュニティ再興と市民活動の展開』2005年。
西尾勝『行政学』（新版）有斐閣、2011年。
総務省編『平成24年版地方財政白書』

文献案内

松原治郎『コミュニティの社会学』東京大学出版会、１９７８年。

奥田道大『都市コミュニティの理論』東京大学出版会、１９８３年。

松下圭一『政策型思考と政治』東京大学出版会、１９９１年。

神野直彦他『ソーシャル・ガバナンス―新しい分権・市民社会の構図』東洋経済新報、２００４年。

西尾勝・金泰昌・小林正弥『公共哲学（11）自治から考える公共性』東京大学出版会、２００４年。

第1章 福祉とコミュニティ——豊かに生きる

1 「人を支える側」への転換を求めて

「コミュニティ政策学」もしくは「コミュニティ」や「政策」に関心をもつ人のなかには、多少大げさな言い方をすれば、自らの「生き方」を模索している人が多いのではないだろうか。例えば、「人の役に立つ仕事がしたい」と考え、大学で何を勉強するか（どの学部に進学するか）を選ぶとき、「自分のために勉強をして資格を身につけ、安定した職場に就職する」という現代の「スタンダード」な生き方にどこか違和感を感じているのではないか。言い換えれば、現在の不安定な世の中を生き抜いていくために「自分だけの力で自分の身を守っていく自己責任的な生き方」に不安定さを感じ、むしろ「人と協力し合い、人の役に立とうとする生き方」、つまりコミュニティに貢献することこそ「豊かな生き方」だと直感しているのではないだろうか。

コミュニティは誰かが作ってくれる？

しかし、単に大学でコミュニティ政策学の授業を受けたりコミュニティ政策学に関する本を読めば、身の回りに「豊かなコミュニティ」ができたり、または誰かがコミュニティを用意してくれるわけではない。コミュニティは「誰かが作ってくれるもの」ではなく、自ら作ろうとする人の周囲に生まれるものである。もしこれまでの自分が身の回りのことや地域生活や学校生活に関しても「誰か（親や先生や友達）がやってくれる・決めてくれる」という「傍観者的な受け身の姿勢」だったならば、これからは「まず何事につけても自分から行動を始めよう」という姿勢にだんだん変わっていってほしい。

筆者がこうした期待を本章の冒頭で述べる理由は、そうした姿勢がなければ、コミュニティ政策学をたとえ「頭」で理解できたとしても、「からだ」で体験的に学んでいくことはあまり期待できないと考えるからである。

コミュニティ作りの「はじめの一歩」

この本を手に取ってくれた読者（特に大学生）に筆者が伝えたいことは、これまでは自分の身の回りのことを「誰かに代わりにやってもらっていた」としても、その「誰か（親・先生・友人など）」に感謝しつつ、これからは自分が「人びとを支える側」になるように少しずつ行動していってほしいということである。読者の多くがあてはまると思われる10代後半から20代前半は、体力に溢れ、発想力に富み、新しい知識や技術の吸収力に優れている時期である。こうした人たちには、自分が持っているちからをいっそう伸ばしていくと同時に、その磨かれたちからを他の人びとを支えるためにこそ活かしてほしい。それがコミュニティを作っていく「はじめの一歩」にちがいない。コミュニティ政策学を学ぶなかで、これまでは「人に支えてもらう側」だった自分自身から「人を支える側」である「大人」へと成長していってほしい。ただし、「人を支える側」というのは、人に依存せず自分だけの力（「個人プレー」）でなんでも行わなければならないということではない。むしろ、自分が苦手なものはそれが得意な人に助けてもらいつつ、自分が得意なものは他人の分まで行う「もちつもたれつ」の相互協力関係（「チームプレー」）を築くことができ、それによってその他の多くの（支援を必要とする）人びとをも支えていくということである。

現在、「自己決定」や「自己責任」が過剰なほど求められるなかで、じつはむしろ他者と協力し、他者との連携で「人を支える側」になっていくことが「豊かな生き方」の鍵ではないか。その方法論を体験的に明らかにしていくことがコミュニティ政策学を学ぶ意義の一つだと筆者は考える。

2 「ちがい」を抱える人びとがともに生きるコミュニティ

「ちがい」こそコミュニティの特徴

「コミュニティとは何か」。「答え」はじつにさまざまである。ここでは筆者の立場からコミュニティには次のような特徴があることを指摘しておこう。

すなわち、コミュニティの重要な特徴は、さまざまな「ちがい」を抱えた人びとがともに関わりながら生きているという点である。コミュニティには高齢者もいれば子どももいれば大人もいる（年齢のちがい）。昼間働いている人もいれば夜間に働いている人もいる（就業時間帯のちがい）。比較的裕福な人もいれば比較的貧しい人もいる（貧富のちがい）。健常者もいれば障害者もいる（障害の有無のちがい）。日本人もいれば外国人もいる（国籍・人種のちがい）。仏教徒もいればキリスト教徒もイスラム教徒などもいる（宗教のちがい）。男性もいれば女性もいるし性的マイノリティもいる（性のちがい）。おおざっぱに考えただけでも、コミュニティにはこのようにさまざまな「ちがい」をもつ多様な人びとがともに暮らしており、もっと注意を払って考えればさらに多くの「ちがい」が見つかるだろう。

「差別」や「争い」を繰り返さないために

このようにさまざまな「ちがい」を抱える人びとがともに暮らしていると、少数派がもつ「ちがい」(difference)が「まちがい」(fault)や「弱さ」とみなされ、多数派から少数派(あるいは強者から弱き者)に対して、意識的にまたは無意識的に「差別」が生まれたり、そうした「差別」に対する「抵抗」が生まれたりする。これまで多くのコミュニティにおいて「ちがい」を発端とする「争い」も生み出されてきた。そうした「差別」や「争い」を繰り返さないためにコミュニティごとにさまざまな「工夫」が重ねられ、その結果として現代社会のさまざまなしくみが形づくられてきている。例えば、人びとの命・財産・人権が他者から脅かされないために「法」が制定されたり、飢えを克服し物質的に豊かになるために「市場(経済)」が創造されたり、より貧しい人の生活を支えるために「社会福祉」が講じられてきた。社会の諸制度(法、市場経済、社会福祉など)はさまざまな「ちがい」を抱える人びとがともに暮らすなかで、「弱さ」を抱える人への冷遇が繰り返されないことを目的として作られてきたコミュニティの「工夫」や「知恵」だといえよう。それぞれのコミュニティが生み出してきた「政策」は、いうなれば人間誰もが抱える可能性のある「弱さ」を支える「コミュニティの知恵」である。

コミュニティが抱える問題はコミュニティごとに異なるので、そうした問題を予防し解決するための具体的な政策は、コミュニティごとに異なる。あるコミュニティにとって有効な政策であっても、別のコミュニティにとっても有効であるとは限らない。それゆえ、自らのコミュニティにとってどのような政策が必要で、その政策をどのように効果的に運用していくかは、それぞれのコミュニティが選択しなければならない。自らのコミュニティが実際に抱えている問題の原因が何か、その問題を解決しようとするときどのような政策が必要なのか、そしてその政策をより効果的に運用していく方法などを明らかにすることが「コミュニティ政策学」の大きな課題である。

本章では、「ちがい」を抱える人びとがともに生きるがゆえにコミュニティに生じる福祉の課題（「誰が」「どのような弱さ」を抱えさせられるのか）の一つを紹介し、コミュニティ政策学に欠かせない社会福祉の視点を明らかにしたい。

3　福祉と無関係の人はいない

関係的障害

「福祉」と聞くと、「高齢者」や「障害者」または「生活保護受給者」などを思い浮かべる人が多いのではないだろうか。「福祉」は、「高齢者」や「障害者」または「生活保護受給者」といったいわゆる「社会的弱者」や「マイノリティ」と呼ばれる「特殊な人たち」だけが関わるものというイメージが強いのではないだろうか。

そして、だから自分には福祉は関係ないと考える読者が多いかもしれない。しかし、本当に「福祉」は「特殊な少数の人びと」だけが関係するものだろうか。大多数の、いわゆる「健常者」にとって「福祉」は無関係なものだろうか。

筆者はそうでないと考える。福祉の課題は高齢者や障害者や生活保護受給者といった「社会的弱者」と呼ばれる人びとと、いわゆる「健常者」との関係において生じる。例えば、身体障害で車椅子を利用している人は散歩や買い物をしていると、（悪いことをしているわけでもないのに）周囲の人びとから執拗に視線が向けられたり、レストランやカラオケ店に入ろうとすると露骨に迷惑そうな態度を表す店員から入店拒否をされるなどの差別的言動を受けてしまう。またエレベーターがない場所を移動するため周囲の人びとに手伝ってもらわなければならない場合に、快く手伝ってくれる人が少ないことは車椅子利用者が多かれ少なかれ抱えざるをえない負担となる。障害者が抱えさせられるこうした負担（「弱さ」）は、身体障害を抱えていることだけに由来するのでなく、むしろ周囲の人との関係のあり方によって生み出される「関係的障害」であるといってよいだろう。

前節で述べたように、コミュニティにはさまざまな「ちがい」をもつ人びとがともに暮らしている。そのなかで知的・精神的・身体的などの障害を抱える障害者は、障害という「ちがい」ゆえに、健常者と比べて「少数者」であり、「弱さ」を抱えさせられざるをえない。そのため健常者から無意識的であれ「差別的」な振る舞いを受けることがしばしばある。

Aさんの怒り

身体障害者の買い物支援を行うボランティア・サークルに所属していた男子大学1年生から筆者が以前に聞いた次のようなエピソードは、「関係的障害」の典型的な例といえよう（プライバシーに配慮してエピソードの一部を加工している）。

ある男子大学1年生は、身体障害者の生活介助を行うボランティア・サークルに所属しており、ある日、地域でひとり暮らしをしている車椅子利用者のAさん（男性）の夕食の買い物に付き添うことになった。その男子学生は責任感が強くとても真面目な学生であり、その日も「できるだけAさんの役に立ちたい！」と意気込んでAさんの夕食の買い出しに付き添っていた。Aさんが「醤油を買いたい」と言えば、すぐに醤油売り場に行って値段や一人暮らしに合う量などを考えて醤油を選んだり、またAさんが「今日は豚肉を買う」と言えばすぐに豚肉売り場から良さそうな豚肉を選んできていた。その学生は真面目にAさんの役に立とうと張り切っていた。

そうして一通りの買い物が済んでレジに並ぼうとしたとき、Aさんは急に立ち止まったかと思うやいなや、その男子学生の顔を真っ直ぐにみつめて、怒りをためた表情と口調で次のように言った。「もういいよ！　なんで君が選ぶんだ。買い物に来たのは僕なんだ。君じゃない。僕は自分で醤油を選ぶし、豚肉も選ぶ。なのに、なんで君が全部選んでかごに入れるんだ！」。

男子学生は真面目にボランティアとしての役割を果たそうと努力をしていたにもかかわらず、Ａさんから怒りをぶつけられたというエピソードである。このときＡさんはなぜ怒ったのだろうか。Ａさんが怒りを込めて学生に訴えようとしたことはなんだろうか。読者の皆さんはどう感じただろうか。筆者自身は自分がこの男子学生と同じ立場だったら同じように行動して同じようにＡさんに怒られたかもしれないと感じた。

Ａさんの怒りはなんだったのか。発言を言葉どおりに受けとれば、自分で買い物をするためにスーパーに来たのに男子学生が勝手に商品を選んでしまったことに対する怒りだった。しかし、それだけではない。Ａさんの怒りは、「自分で何もできない障害者」と一方的な先入観でＡさんに関わっていた男子学生の態度に向けられていたといえるのではないか。つまり、Ａさんはその男子学生に対して「『障害者』という先入観でのみ捉えるのではなく、ひとりの人間として接してほしい」と自らの存在を訴えていたのである。この男子学生は、Ａさんから怒りをぶつけられた当時はまだＡさんが何を怒っているのか理解できなかったが、卒業間近になって「いまになってやっと当時のＡさんの気持ちがわかる。Ａさんにとてもも失礼なことをしてしまった」と筆者に述べてくれたのであった。

このように、障害者は身体的に障害があることによる生きづらさに加えて、（この男子学生のような）周囲の人びとからの関わり方による「関係的障害」も抱えさせられることになりやすく、人間としての存在や尊厳にかかわるダメージを受けることが少なくない。

こうしてみると、福祉というのは、決して「障害者」や「高齢者」や「生活保護受給者」といった一部の少数者だけが一方的に受けることではなく、コミュニティに暮らすさまざまな「ちがい」を抱える人びとが、いかに「ともに生きる」ことができるかを課題にしている。

4 「ともに生きる」・「共生」の意味

ボランティアとは

では、「ともに生きる」ということ、あるいは「共生」とはなんだろうか。

筆者が「ともに生きる」、「共生」ということを身に刻み込まれるように学んだのは、2011年3月11日に起きた東日本大震災のボランティアのときであった。筆者は同年5月いっぱいをかけて行われた淑徳大学の学生と教職員による支援ボランティアの一員として、20日間ほどにすぎないものの宮城県石巻市雄勝町大須地区の避難所で炊き出しボランティアをする機会を得た。しばしば「ボランティア」は「する」ではなく「させていただく」だと耳にするが、その意味がこのボランティア経験を通して初めて身をもって理解できた。

淑徳大学のボランティア隊が初めて現地入りした日に、われわれを迎えてくれた石巻市立大須中学校の岩佐勝校長（淑徳大学10期生）からの第一声は、次のような厳しい言葉であった。

「こちらが邪魔だと判断したら、申し訳ありませんが、すぐに帰ってもらいます」。

筆者は驚いた。まさかボランティアに行って追い返される可能性があるとは少しも考えていなかったからである。いま振り返えると非常に恥ずかしいことながら、「よく来てくれた」と温かく歓迎されると思っていたほどであった。

しかし、単純に筆者の姿勢が甘かったことはすぐにわかった。岩佐校長のこの言葉は避難所で暮らす人びと全員の言葉といっても過言ではなかった。すでに震災から50日ほど経っていたので、避難所には人びとが一緒に作ってきた生活様式がすでにあった。生活の細かな決まり事が無数にあり、それをお互いに呼吸を合わせて、避難所の方々はやっとの思いで生活してきていたわけである（大須地区では、電気や水道の復旧が5月中旬から下旬までかかっているほどだった）。したがって、ボランティアが現地の人びとの生活を尊重できなければ、それがたとえ「支援」のつもりであっても、避難所の人びとがそれまで積み重ねてきた生活の仕方に「傷」をつけかねなかったのであった。いくら「支援」のつもりでも、ボランティアがボランティアの考えや都合を優先して動いてしまっては避難所の方々にとって百害あって一利なしであった。

支援を超えて

筆者は、「支援できることがある」と思って現地へ行ったのだが、「邪魔をしない」ことが第一目標になった。「良いことをする」つもりが、「余計なことをしない」ことが求められた。

われわれを迎えてくれた校長先生の言葉が意味していたのは、〝「支援」うんぬんよりも、まず避難所の私たちが何に苦労し、何に困っているか、私たちの生活をまず知ってほしい。まずは私たちと「ともに生きてほしい」〟という切実な訴えであった。当初、筆者がもっていた「支援しよう」という思いは、ややもすると「ともに生きる」という態度からは正反対のものになりえることを痛感させられた。

避難所で暮らす人びとは、普段は明るく振る舞ってくださっていたものの、大変な生活でストレスが溜まり、われわれが勝手に余計なことをすればすぐに精神的に打ちのめされてしまいそうだった。われわれには繊細な配慮が求められ、出会う人、出会う人それぞれに対して生後1～2日の赤ん坊を初めて抱くように緊張感をもって関わらなければならなかった。「ならなかった」というよりも、自分のペースで動くことをまず停止すること、そして避難所の人びとが生きている「世界」をよく理解しようと「そっと寄り添う」ことがボランティアである自分たちに求められるただひとつのことだと避難所の人びとと関わるなかで身につまされてきたのだった。

ボランティアは、どんなに気をつけても、大なり小なり避難所の人びとの生活を「変化」させ

「乱す」。すでにある程度落ちついた生活パターンで暮らしている人びとに関わる自分たちが、どうしても現地の人びとの生活を「乱してしまう申し訳なさ」をわきまえたうえで、しかしどれだけ人びとの役に立てるのかをあれこれ考えるとき、ボランティアは「させていただく」ものだということを身をもって知った。そしてこのとき自分たちに求められている人に関わる態度こそが、「ともに生きる」ということだと体験的に理解できたのであった。

その後、ボランティア学生たちの献身的な取り組みもあり、次第に信頼関係が育まれていき、現在も支援を超えて活動は続けられている。

5　トゥギャザー・ウィズ・ヒム

長谷川良信の言葉

現代の社会福祉は、単に課題解決だけではなく、課題に取り組むプロセスをとおして課題を抱える人自身が「今日まで生きてこれて良かった」とか「これからも生きていきたい」と自らを肯定できることを究極目標にしている。そのような社会福祉の支援はいかにして可能なのか。そのヒントがいま述べた「ともに生きる」、「共生」だと思われる。「相手のため」という態度は、じつは自分本位になりがちであり、それでは本当の意味での「支援」にはなりえない。

共生というのは、相手が生きている「世界」に入ろうと努力し、相手から見た「世界」を自分も生きようとすることに他ならないであろう。共生というのは、物理的・空間的に同じ場所にいることだけではなく、相手が生きている時間を、相手が生きている「世界」をともに生きようとすることであろう。もちろん、「ちがい」を抱える人間同士だから、相手を丸ごと理解することはできない。また、あるとき理解し合えたと思うことができても、次の瞬間にはすぐわかり合えなくなることがある。大事なのは、そうした場合にも改めて相手の「世界」を理解しようとすること以外に支援のスタートはないということである。この意味で「相手とともに」はいつでも支援のスタートなのである。雄勝の人びとは自分たちの辛さ・苦しさを少しだけでもいいから一緒に知ってほしいと深いところで願っていたのだと思われる。

課題を抱え困っている人は、第一に「私が抱えている『課題』」と「課題を抱えている『私』」を、一緒に確認してくれる「人」を待ち望んでいるのではないか。そうしてみると、前者の「課題」を重視する「支援しよう」という態度は、じつは自分の世界に閉じた思いにすぎず、しばしば相手と「ともに生きる」ことを蔑ろにしてしまいがちである。「相手のために」という態度は、いつのまにか「してあげよう」という一方向的な態度に転換しやすい。改めて確認すれば、支援というのは、支援者がひとりで行うものではなく、「二人で」行うものなのである。

このことを、“not for him, but together with him（相手のためにではなく、相手とともに）”と言い表したのは、日本の社会福祉の代表的人物のひとり、淑徳大学創立者長谷川良信である。この言葉は、人を支援するということは「相手のため（for him）」という態度ではなく、「相手とともに（together with him）」という態度でなければならないことを言い表している。「自分の土俵」に相手を連れてきて「支援してあげよう」という態度に基づく支援では決して「支援」にはならない。まず相手の「世界」に自分から「飛び込み」、相手の目から見える「世界」を自分も一緒に生きようとするかなりの勇気と根気がなければ決して本当の支援にはならないのである。人を支援するということは、それぐらいの厳しさが求められるということを教えてくれる言葉なのである。人を支援するということは、自分が「自分の範囲内」で「相手のために」行ってもそれでは足りず、どこまでも相手が「支援してもらえた」と実感したとき、つまり相手にその支援が届いたとき初めて「支援になる」ことを筆者自身、肝に銘じる言葉なのである。

「待つ」という支援

社会福祉の支援は、支援を受ける人が自らが抱える課題に自ら取り組む環境を整える点にある。誤解を恐れずに言えば、ある人が抱えている生活課題を除去することだけが福祉の目的ではない。というよりも多くの場合、課題の解決はとても困難である。例えば、身体障害者が移動に困難があるからといって、すべての道路や建物をすぐにバリアフリーにすることはできないし、また失業して生活保護を受けている人に対して仕事を用意することもできない。社会福祉は、例えば身体障害者が外出するときに周囲の初対面の人びとにも移動介助をお願いできるように一緒に予行練習をしたり、また生活保護を受けている人が就職に必要な資格講座をきちんと受講できるようまずは規則正しい生活リズムを一緒に整えるのである。本人が自ら抱える課題に自ら取り組む動機づけを行えるような支援ができてこそ、人を支援する社会福祉の意味があるといえよう。

もちろん、本人が自らで課題に取り組むことはとても難しい場合が少なくない。本人は過去に何度も（人とコミュニケーションをとったり、就職活動をするなどの）チャレンジをしたが上手くいかなかったために、すでに諦めてしまっているかもしれない。そうなると、改めてチャレンジする勇気や希望をもつことは難しい。あるいは、現状に満足し現在のままがいいと思う人もいるかもしれない。そうした場合には社会福祉従事者といえども支援の糸口がなかなか見つからず、新たなチャレンジを促しても拒否されるだろう。しかし、だからといって現状のままでいることを見過ごすわけにはいかない。そうした場合には、支援をする者は、自らが現状でできる限りのことをして、後はじっと待つしかないだろう。消極的に見えようとも、そうした「待つ」という支援のあり方も「相手とともに」という態度の下でおこなわれるのであればそれも一つの支援になりうる。

と同時に、支援者は自らが「相手のために」という態度にとらわれすぎていないかを振り返る必要があろう。「相手のために」という態度は、ややもすると「支援」を一方的に相手に「押しつける」ことになったり、相手の苦しい現状を頭ごなしに「否定」することになってしまう。それでは結果として支援する側の都合や感情を優先しているだけである。「相手のために」という態度は、じつは相手を無視した態度に容易に転換してしまう危険性を孕んでいる。あるいは「相手のためを思って自分はやっているのだから」という理由をつけて、相手の気持ちや状況を無視して「もっと努力をすべきだ」など相手に（勝手に）「見返り」を強いることになる。

6　「よこの発達」

糸賀一雄の発見

「ちがい」を抱える人びとが「ともに生きる」可能性をさらに明らかにするために、人間の「よこの発達」について考えてみよう。

通常、人間の発達といえば、例えば言葉を覚えたり計算ができるようになる知能の発達や、身長が伸び筋肉がつく身体的な発達を指している。しかし、人間の発達には、知能的発達や身体的発達のような「右肩上がり」で一直線に伸びる「たての発達」だけではなく、もう一つ「よこの発達」がある。この「よこの発達」を発見したのは、「日本の知的障害児の父」と呼ばれる糸賀一雄であった。「よこの発達」とは何か。糸賀は、人と人の「共感の世界」の発達だとも述べる。すなわち自分の周りにいる他者に配慮すること、他者の存在を感じ取り自らの感情を相手に返すちからの発達である。

糸賀は、日本が戦争で焼け野原になり、大人も子どもも食べ物に困る極貧状態のさなかにあって、当時ちまたに溢れていた戦災孤児や知的障害児を受け入れる施設を、国の制度が整備されるよりも前に始めた人物である。

糸賀は、戦災孤児や知的障害児たちの食事、トイレ、入浴などに明け暮れる生活のなかで、先ほど述べた人間の「よこの発達」に気づかされていったのであった。糸賀の施設は、数年後には、知的にも身体的にも重度の障害を併せもつ重症心身障害児をも受け入れていった。重症心身障害児は、ほぼ寝たきりで食事もトイレも全介助が必要なことが多い。目の動きが一定せず目線が合いづらく、言葉も発せられないため、コミュニケーションを取ることがとても困難である。比較的読み取りやすい「快・不快」の表情でさえも、（初対面の人にとっては）どちらか判別がつかないほどである。知的障害児はわずかずつだが知能の発達（「たての発達」）が見られ、18歳を過ぎれば比較的単純な作業の職場に就職していくのだが、その一方で重症心身障害児にはいくら努力をしてみてもそうした「たての発達」はまったく期待することができない。「日本の知的障害児の父」と後世に名を残す糸賀でさえも、当初は重症心身障害児に困惑し、発達が期待できず一方的な保護の対象として関わるほかなかった。しかし、ある日、重症心身障害の青年とそのおむつを替える保母との次のようなエピソードから、糸賀は重症心身障害児に「たての発達」は期待すべくもないが、スピードは遅くとも日々「よこの発達」が見出されることを確信することになったのである。

「たとえばびわこ学園に運びこまれた一人の青年は、ひどい脳性麻痺で、足も動かず、ベッドに寝たきりで、知能は白痴［最重度の知的障害という意味。現在では差別用語となっている］程度であった。しかも栄養失調で骨と皮になり、死相があらわれているのではないかと思わせるほどであった。半年あまりしたある日のこと、いつものように保母がおむつをかえようとすると、彼は、息づかいをあらくしてねたまま腰を心もちあげているのであった。保母は手につたわってくる青年の必死の努力を感じて、ハッとした。これは単なる本能であろうか。人間が生きていく上になくてはならない共感の世界がここに形成されているのであった。」（糸賀、２００３年、３０３ページ、［　］は引用者。）

おそらくこの脳性麻痺の青年が浮かそうと試みた腰は、物理的には、数センチも浮いていなかったであろう。しかし、保母はその数センチを「青年の必死の配慮」として感じ取った。保母が少しでもおむつを替えやすいようにと青年は配慮し精一杯腰を浮かそうとしており、保母は自分に向けられた青年からの配慮をしっかりと感じ取ったのである。重症心身障害児は、さまざまなことを感じているのかもしれないが、表情などからその内面を読み取ることはなかなかできない。しかし、いつも嫌な顔もせずに自分のおむつを替えてくれる保母に対して青年は感謝しており、その気持ちを精一杯の行動で表現しようとしたのであろう。保母は献身的に介助し、青年は精一杯に感謝の気持ちを表そうとする。ここに「共感の世界」が生まれている。

重症心身障害児であっても、何も感じない孤独の世界を生きているのではなく、反応は見えづらくても常に人と関わりながら生き、人の気持ちを敏感に感じ、人の優しさに感謝し、人へ配慮を表す「共感の世界」を生きていることを糸賀は確信したのであった。

共感の世界

この「共感の世界」は、いうまでもなく障害者だけが生きる世界ではない。日常的には気づかれにくいが、障害者であれ健常者であれ誰もが日々生きている世界である。しかし、この「共感の世界」は、健常者だけでは気づきにくく、むしろ共感が難しく思われる障害者とのコミュニケーションをとおしてこそ健常者も触れることができる真に人間的な生き方の「世界」なのである。つまり、障害者の存在は、一方的に支援されるだけの対象ではなく、健常者と障害者がそれぞれの「共感の世界」をより豊かにしていくきっかけとなるこの世の「光」そのものであるとして、糸賀は「この子ら（＝障害者）を世の光に」という有名な言葉を遺したのであった。

福祉は、支援する人と支援される人がともに「共感の世界」を耕していくものである。

7　「共感の世界」とコミュニティ

以上述べてきたように、福祉の重要課題の一つは「ちがい」を抱える人と人のあいだに生じる「関係的障害」であり、福祉は人びとの「共感の世界」の豊穣化に焦点をあてて「関係的障害」に取り組む。「関係的障害」は福祉の専門家だけが取り組む課題ではなく、コミュニティに暮らす誰もが関わっている。「ちがい」を抱える人びとがともに暮らすコミュニティにとって福祉は不可欠である。

それゆえ、「共感の世界」を豊かにするプロセスである福祉の活動は、それ自体がコミュニティを作ろうとしていくプロセスでもある。福祉もコミュニティも、人びとが「ともに生きる」ことに根をもっていると筆者は考える。

福祉もコミュニティも、人に支えられる側の人（主に「子ども」や「高齢者」）を、「人を支える側」が人一倍はたらいて支えることによって成り立っている。筆者の考えでは、「大学生」は人に支えられる側から「人を支える側」へ転換するために飛び方を学びつつあるヒナ鳥のような存在である。ある人がどのような存在であるのかは、テストの点数や年収ではなく、じつはその人が周りの人とどのような関係（「共感の世界」）を生きようとしているかによって決まる。読者にはコミュニティを支える活動に取り組むなかで人と共感し合いながら豊かなコミュニティを生きる方法論を身につけ、それぞれがそれぞれなりの「共感の世界」を形成していってほしい。

引用文献

阿部志郎『福祉の哲学』誠信書房、１９９７年。

長谷川良信「社会事業とは何ぞや」１９６９年。『長谷川良信選集　上』大乗淑徳学園出版部、１９７２年所収。

糸賀一雄『復刊　この子らを世の光に～近江学園二十年の願い』ＮＨＫ出版、２００３年。

文献案内

阿部彩『弱者の居場所がない社会』講談社現代新書、２０１１年。

椋野美智子・田中耕太郎『はじめての社会保障［第９版］』有斐閣アルマ、２０１２年。

堤未果『ルポ貧困大国アメリカⅠ』岩波新書、２００８年。

内田樹『ひとりでは生きられないのも芸のうち』文春文庫、２００８年。
結城康博・吉田佳代子・宮﨑雅人『社会保障制度』ぎょうせい、２００９年。

第2章 家族とコミュニティ——子育ての社会環境

1 関係性へのまなざしの重要性

「家族とは○○である」アンケートの結果

まず、家族とは何か、ということについて考えてみよう。筆者は、担当する講義科目「家族社会学」の初回に「家族とは○○である」という一文の○○の部分を受講生に考えてもらっている。以下は、実際にあった回答の一部である。

①家族とは、血縁関係でつながっている人たち である。
②家族とは、同居している人たち である。
③家族とは、大切な人たち である。
④家族とは、めんどうな存在 である。
⑤家族とは、家族だと思っている人たち　である。

①～⑤のうち、①と②は家族を的確に表しているか、検討の余地がありそうである。血縁関係とは、血がつながっている関係を意味する。それでは、夫と妻、養子と養父母、嫁と舅姑は血がつながった関係だろうか。答えはＮｏである。いずれも血縁関係にはない。家族の範囲を「血縁関係にある人」に限定すると、夫婦や養子・養父母などは家族関係にない、ということになってしまう。つぎに、②は家族を「同居している人」のあつまりとみているが、例えば、一人暮らしをしている大学生とその親、単身赴任中の夫と妻子は同居していない。家族の範囲を「同居している人」に限れば、そうした人々は家族関係にない、ということになる。このように、①や②は家族の一面は捉えていても、通常、家族だと認識される可能性の高い人々を家族の範囲の外に位置づけてしまう。

①～⑤のなかで最も多くみられる回答は、③「大切な人たち」に類似のものである。「かけがえのないもの」「信頼できる関係」など、表現は違っても、それらは家族の情緒的な関係性に注目し

た回答といえる。東日本大震災以後は「絆（きずな）」という言葉を使って家族を説明する人も増えた。家族関係の難しさを表現する回答④や、家族の範囲は個人の主観次第だとする回答⑤は、とても興味深い回答だが、数の上では少数派である。

家族の定義

それでは、家族社会学ではどのように家族を説明しているのか。日本を代表する家族社会学者森岡清美の家族の定義を見てみよう。

「家族とは、夫婦・親子・きょうだいなど少数の近親者を主要な成員とし、成員相互の深い感情的かかわりあいで結ばれた、幸福（well-being）追求の集団である」（森岡・望月、１９９７年）。

紙幅の関係上、この一文に関する詳細な説明は控え、ここでは、文中の、家族がどのような関係性で結びついているかを表している「成員相互の深い感情的かかわりあい」という部分に注目したい。冒頭に紹介したアンケート結果では、③のように家族の情緒的な側面、しかも肯定的な感情の側面を表現している人が多かったが、その一方で、④のように家族に対する否定的な感情の側面を表現する人もいた。じっさい、周囲を見渡してみると大変仲のよい家族もいれば、そうではない家族もいる。なかには、家族に強い憎しみを感じている人もいるだろう。「深い感情的かかわりあい」という表現は、プラスの感情とマイナスの感情の双方を表現することに成功している。家族は「どうでもよい関係」ではなく、良くも悪くも「見過ごせない関係」といえるのではないか。

血縁関係にあるか否か、同居しているか否か、そのほか、法律で認められた（婚姻届を提出した）夫婦か否か、姓（名字）が同じか否か、などは、いずれも家族であるかどうかを判断するさいの十分条件にはならない。むしろ、今日の家族を捉えるためには、受講生たちの多くが注目しているように、家族員同士をつなぐ関係性へのまなざしが重要になっている。その意味では、⑤の「家族とは、家族だと思っている人たちである」という少数意見も、家族員が他の家族員を「家族だと思えるかどうか」に注目しているのだから、家族員同士の関係性に注目した回答とみてよいだろう。家族は身近な存在であるが、改めて家族とは何かを考えてみると、なかなか奥深いものである。こうした奥深さ、面白さは本書がテーマとするコミュニティにも内在していると考えられる。

コミュニティとは何か

『新社会学辞典』では、コミュニティを「地域性と共同性という二つの要件を中心に構成されている社会」であると説明している。地域性とは、文字どおり、一定の地理的範囲内に生活していることを指し、共同性とは、共通の関心によってつながっていることを指す。つまり、単に同じ地域に住んでいること（地域性）だけではコミュニティとはいえず、そこに関心の共有というつながりがあること（共同性）が求められているのである（序章参照）。

コミュニティは、しばしば「崩壊の危機に瀕している」といわれる。都市部で暮らす人、特に日中の活動範囲が自宅から離れているサラリーマンや学生が、隣に住む人の顔も名前も知らないことは珍しくなく、彼らにとってコミュニティとは、単なる居住地、自宅のある場所という意味をもつにすぎないのではないだろうか。「崩壊の危機にある」と目されるコミュニティとは、そもそも住民がいない（あるいは、少ない）というケースだけではなく、住民がいたとしても、その住民同士の関心の共有、あるいは関心の共有を生み出すような共同的な活動がほとんどないようなケースを含む。そして、後者のような危機的状況にあるコミュニティは、日本のいたるところに存在しているといえるだろう。

コミュニティは崩壊したか

このような近隣住民との関係性の希薄化を根拠にコミュニティの危機を強調する見方に対して、以下では二つの観点から検討を加えておきたい。

第一に、たしかに都市部在住者の近隣住民との関係は希薄化したといえるかもしれないが、その一方で、私たちは、自宅からアクセス可能な距離にあるさまざまな専門機関を利用して日常生活を送っている。専門機関には、市役所などの行政機関、病院などの医療機関、小学校などの教育機関、銀行などの金融機関、電車などの交通機関など、いわゆる公共的な専門機関以外に、企業等の民間の専門機関もある。今日、子どもを保育園に預けたり、高齢者を介護するにあたって社会福祉施設のデイサービスを利用したりするという行為は、何ら特別なことではない。子育てや介護とは縁のない若者でも、学校へ通い、日常的にスーパー・マーケットやコンビニエンス・ストアで買い物をし、体調が悪いときには近くの病院で診察を受けるだろう。こうした専門機関やそこで働く専門家との関わりへの期待は、むしろ高まっているように思われる。その意味では、都市に暮らす人々も地域と無関係に生きているわけではないのである。

第二に、科学技術の発達が人々の空間的隔たりを小さくした、という点を指摘しておく必要があるだろう。交通網の発達により個人の生活圏は拡大し、結果としてコミュニティの要件の一つである地域性を見定めることが難しくなった。加えて、インターネットに代表される高度な情報通信技術の発達は、海外にいる家族や友人とのあいだでも距離を意識させない交流を可能にしている。現在、インターネット上につくられる情報交換・交流の場が「コミュニティ」と呼ばれていることに象徴されるように、人びとは、地理的な制約から解放されたところで他者と交流するようになり、そのさい、そうした交流を支える重要なきっかけとなっているのは、人びとの関心の共有である。

したがって、コミュニティを捉えるときには、近隣関係にとどまらず、人びとが生活圏と見なす、より広い範囲で展開されている人びとの多様な関係を注意深く観察する必要がある、ということになろう。コミュニティもまた、家族と同様に、関係性へのまなざしが重要なのである。

こうしたことは、つまり、家族もコミュニティも閉鎖したものではなく、個々人の生活の仕方によって広がったり狭まったりするものであることを示唆している。本章の後半では、個人を中心として家族とコミュニティがどのように関係しあうことが可能なのか、その可能性の一端を「子育て」を題材にして探ってみたい。そのために、まずは、家族とコミュニティの変化の過程を整理し、それぞれの現状について確認することにしよう。

２　産業化とコミュニティの変化

産業化と労働力の地域移動

コミュニティを変化させた最大の要因は、産業化である。産業化とは、産業構造の高度化、すなわち、主要産業が第一次産業から第二次産業、第三次産業へと移り変わることを意味する。いうまでもなく、第一次産業とは農林水産業、第二次産業とは工業、第三次産業とはサービス業を指す。

図３-１は、産業別就業者割合の変化を表している。１９２０年時点では、就業者人口の半数以上が第一次産業に従事していたが、その後、１９５０年頃からは急激に減少し、代わって、第二次

図3－1　産業別就業者割合の推移（1920〜2010年）

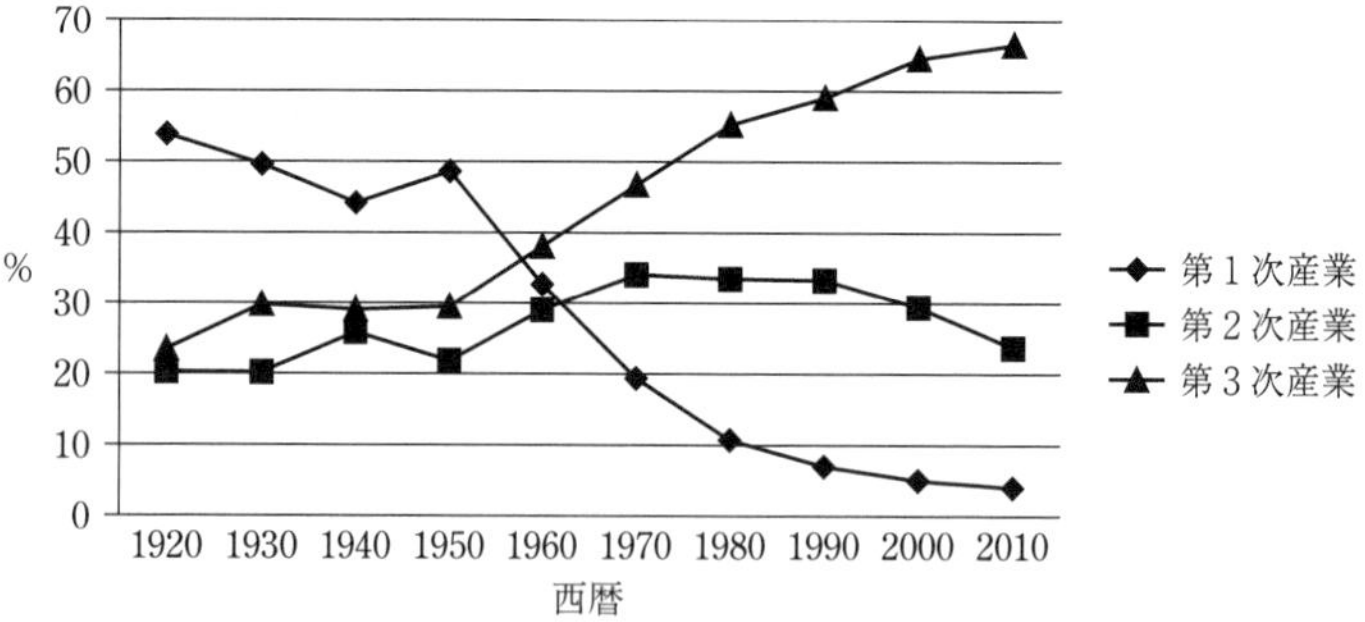

注：「労働者派遣事業所の派遣社員」は、2005年まで第三次産業従事者に一括して分類されていたが、2010年には派遣先の産業に分類されている（2010年時点で153万1千人)。

資料：総務省統計局『国勢調査報告』

産業、第三次産業に従事する者の割合が高まっている。現在（2010年）では、第一次産業に従事する人の割合は4・0％にとどまり、66・5％が第三次産業に従事している。

こうした産業構造の変化は、農村部から都市部への大規模な労働力の地域移動を引き起こした。労働力の地域移動のピークは1970年前後で、この時期には年間約400万人が農村部から都市部へと移動したといわれている。そして、こうした人々の移動こそが、コミュニティ内部の人と人のつながり方に変化をもたらしたといえる。

農村と都市、つながり方の差異

産業化以前の農村コミュニティにおいては、農業や漁業といった生産活動の場と生活の場は重なり合っていて、そこでは生産労働の面のみならず、生活上のさまざまな面で生じる課題を住民同士の相互扶助によって解決していくという生活様式がとられていた。同じ地域に住んでいることが、人びとに共通の関心をもたらしたといえる。しかも、多くの人びとは一生のうちに大きな地理的移動を経験しなかったので、旧知の仲の濃密な関係がコミュニティ内に張り巡らされ、しっかりとした、そして時に息苦しさを感じさせるようなしがらみのなかで人々は生活をしていたのである。

しかし、産業化によって人びとは都市へと流出し、狭い地域に多くの人が暮らすようになった。空間的には高密度であるものの、匿名性が高く、生活上の課題は専門機関による解決に依存する生活様式がとられるようになった。近隣住民との付き合いを欠いても、対価を支払うことによって、さまざまな物やサービスを入手することができるようになった都市コミュニティでは、同じ地域に住んでいるからといって、人びとが必ずしも共通の関心をもつとはいえない。現在では、都市部だけではなく、農村部においても兼業化が進み、農業以外の産業に従事する住民が増加したため、専門機関への依存なしに生活することは困難になっている。一方、限界集落と呼ばれるような地域においては、相互扶助する住民自体が減少するなかで、専門機関へのアクセスも難しくなり、生活上の困難が増している。

このように、産業化はコミュニティ内部に形成される人間関係、社会関係のありようを大きく変えたが、それと同時に、家族のかたちにも大きなインパクトを与えた。次節では、その点について見ていくことにしよう。

3　産業化と家族の変化

労働力の地域移動と家族

前述のとおり、産業化にともない、多くの労働者が農村から都市へと移動した。その中心は15～18歳の若年労働者で、はじめは親の家業を継承しない次三男（＝長男以外の男子）であったが、しだいにあととりの長男でさえも都市へと流出するようになった。都市で仕事に就いた者の多くは、農村へは戻らず、結婚後も親との別居が続く。そのような変化のなかで、人びとの意識も変化し、成長した子どもとその老親が別々に暮らすことを容認したり、あるいは、それぞれにとって暮らしやすさをもたらす選択として肯定的に受け止めたりするようになっていった。そして、こうした人びとの意識が、日本の家族の形態をいっそう変えることにつながったのである。この50年間に、日本の家族のかたち、すなわち家族の構成と規模はどのように変化したのだろうか。

家族構成の変化

まず、１９６０年以降の家族構成の変化を、「国勢調査」結果から見てみよう。なお、ここで私

図3－2　世帯数および核家族世帯率の推移（1960～2010年）

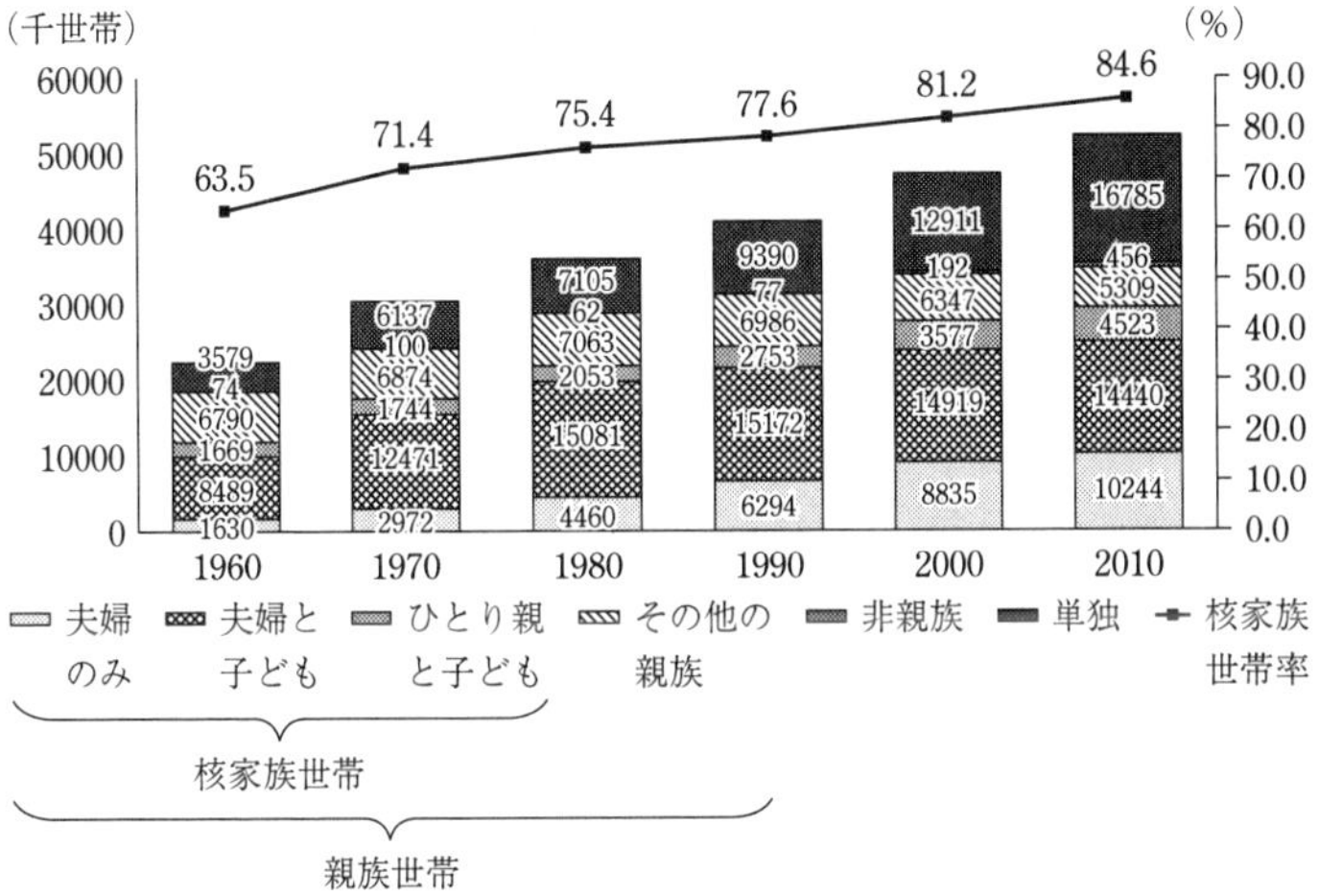

注：核家族世帯率＝核家族世帯／親族世帯×100
資料：総務省統計局『国勢調査報告』

たちが知りたいのは家族の構成の変化であるが、「国勢調査」は世帯（住居と大部分の生計を共同にしている人びとから成る集団）を単位に調査をしている。例えば、親は一人暮らし中の大学生を家族と見なすのが通常であるが、「国勢調査」では、親と1人暮らしの大学生とは別々の世帯と見なされ、それぞれが調査対象となる。よって、ここでは「国勢調査」から明らかになる世帯の姿をとおして家族の姿を見ていくことになる。

図3-2から、主に二つのことが読み取れる。

第一に、棒グラフが示しているように、この50年間に世帯数は一貫して増加している。世帯の内訳を見ると、特に増えているのは「単独」世帯と「夫婦のみ」の世帯である。これらの世帯が増えた主たる理由は、長寿化による高齢者数の増加と高齢者の子どもとの同居率の低下である。

第二に、折れ線グラフが示しているように、核家族世帯率が上昇している。ここで核家族世帯とは、「夫婦のみ」から成る世帯と「夫婦と未婚の子ども」から成る世帯、「ひとり親と未婚の子ども」から成る世帯を指す。そして、時おり耳にするであろう「核家族化」という言葉は、この「核家族世帯が、親族世帯に占める割合の上昇」を意味している。親族世帯とは、2人以上の親族から成る世帯のことである。

図には示していないが、1920年に実施された第1回国勢調査の結果によれば、当時の核家族世帯率は58・8％である。そのことを考慮すると、この50年間の核家族世帯率の上昇（1960年63・5％→2010年84・6％）が顕著であるということ、特に1960年から1970年の10年間の変化の幅（63・5％→71・4％、8ポイント増）が大きかったことがわかるだろう。

また、1920年の核家族世帯率（58・8％）は、残りの41・2％の家族に「その他の親族」がいたことを表してもいる。「その他の親族」とは、世帯主もしくは配偶者の直系尊属（親・祖父母など）、子ども以外の直系卑属（子どもの配偶者・孫など）、傍系親（きょうだいなど）のことであり、こうした親族関係にある者が世帯内にいる割合は、現在（2010年）では15％ほどに過ぎなくなっているのである。

図３－３　平均世帯規模の推移（1920～2010年）

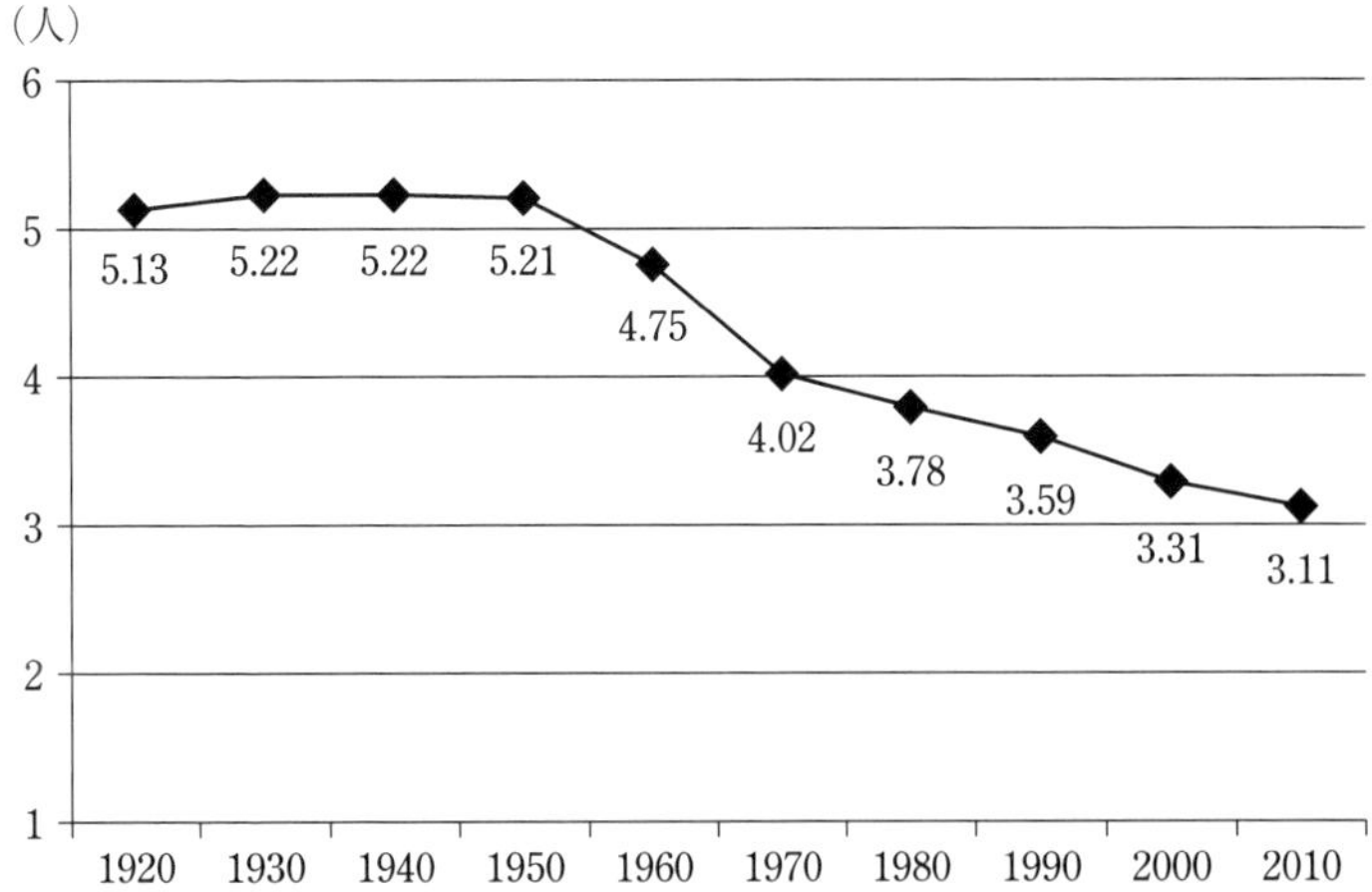

注：1930年と1950年は「２人以上の普通世帯」の比率。
資料：総務省統計局『国勢調査報告』

家族規模の変化

次に、家族規模の変化を「国勢調査」結果に見てみよう。図３－３は、１９２０年から２０１０年までの平均世帯規模の変化を表している。１９２０年から１９５０年までの30年間、日本の世帯規模は５人程度で安定的に推移していたが、１９５０年以降の50年間に２・１人減少した。とりわけ１９５０年から１９７０年までの20年間に１・19人と大幅に減少していることがわかる。このように平均世帯規模が小さくなる現象は、「小家族化」と呼ばれる。

「その他の親族」が家族からいなくなること（＝核家族化）も家族規模を小さくするが、家族規模の縮小により大きなインパクトを与えたのは、子ども数の減少である。表3-1は、既婚女性の出生コーホート別出生児数を示している。出生コーホートとは、同じ期間（あるいは同じ年）に生まれた人びとのことである。表から、明治生まれの既婚女性たちは、平均4～5人の子どもを産んでいたこと、昭和一桁（1920年代後半）生まれ以降のコーホートからは、平均2人で、しかも約半数の既婚女性が2人の子どもを産むようになったことがわかる。この昭和一桁生まれの女性たちは、戦後まもなく結婚し、1950年頃から子どもを産み始めた人びとであり、ちょうど小家族化が始まった時期と一致する。

前節（2　産業化とコミュニティの変化）で言及したように、産業化以前の農村部では、日常生活が近隣住民との相互扶助のなかで営まれていたが、産業化の進展とともに、家族は親族や近隣住民との関係を希薄化させ、そして、核家族化・小家族化してきたのである。

さまざまな生活課題に取り組むさいに動員し得る家族員の数を減らした家族は、今、どのようにしてその役割を果たしているのだろうか。次節では、今日の家族が果たしている役割のなかで特に期待が大きい「子育て」に着目し、子育てを担う家族の現状を明らかにしよう。

表３－１　出生コーホート別既婚女性の出生児数割合及び平均出生児数

出生コーホート	出生児数割合（%）					平均出生児数
	無子	１人	２人	３人	４人以上	
1890年以前（明治23年以前）	11.8	6.8	6.6	8.0	66.8	4.96
1891～1895（明治24～28）	10.1	7.3	6.8	7.6	68.1	5.07
1896～1900（明治29～33）	9.4	7.6	6.9	8.3	67.9	5.03
1901～1905（明治34～38）	8.6	7.5	7.4	9.0	67.4	4.99
1911～1915（明治44～大正４）	7.1	7.9	9.4	13.8	61.8	4.18
1921～1925（大正10～14）	6.9	9.2	24.5	29.7	29.6	2.86
1928～1932（昭和３～７）	3.4	10.7	46.1	28.3	9.5	2.33
1933～1937（昭和８～12）	3.6	10.7	54.0	25.6	5.7	2.21
1938～1942（昭和13～17）	3.0	10.0	54.9	25.6	5.7	2.22
1943～1947（昭和18～22）	3.8	8.9	57.0	23.9	5.0	2.18
1948～1952（昭和23～27）	3.2	12.1	55.5	24.0	3.5	2.13
1953～1957（昭和28～32）	4.1	9.1	52.9	28.4	4.0	2.20
1956～1960（昭和31～35）	4.1	9.1	52.9	28.4	4.0	2.20

資料）総務省統計局『国勢調査報告』、国立社会保障人口問題研究所『出産力調査』『出生動向基本調査』

出典）国立社会保障人口問題研究所『人口統計資料集　2011』より作成。

注）1956～1960年出生コーホートの計算は、「出生動向基本調査」調査年の変更に伴う再計算による。

図３－４　「専業主婦世帯」数と「共働き世帯」数の推移（1980～2010年）

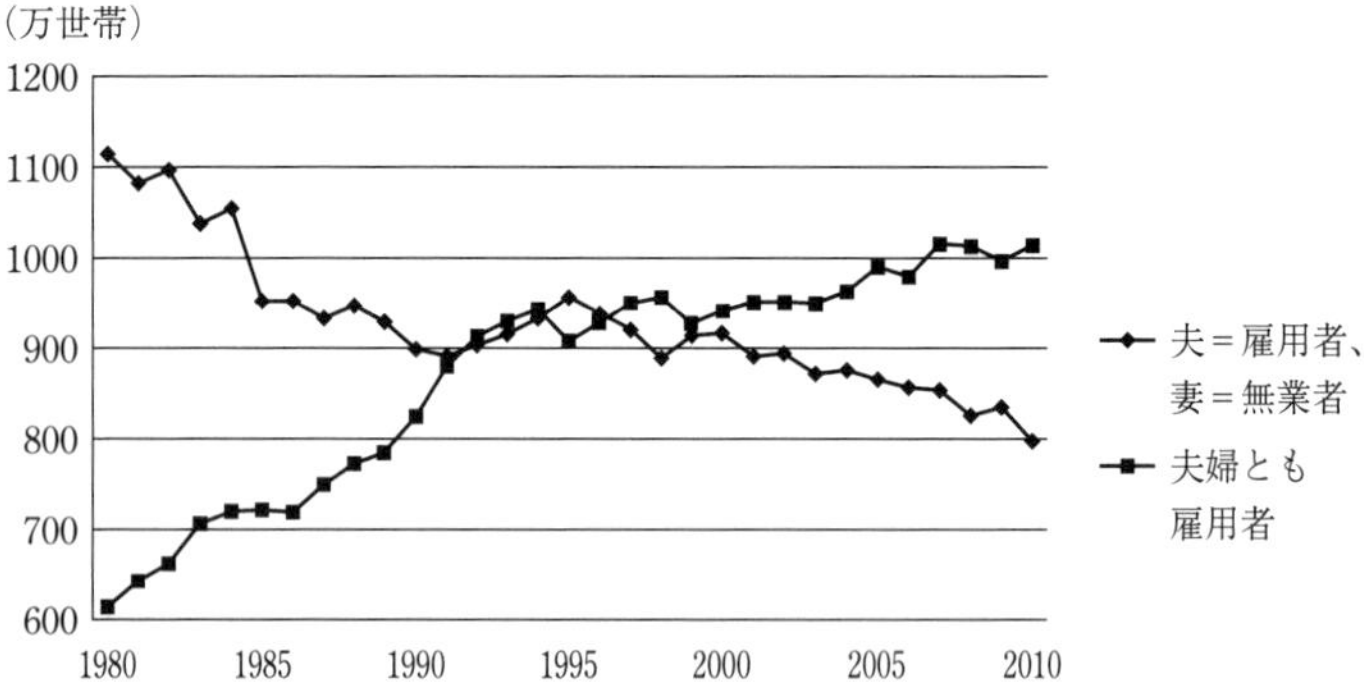

注：1980～2001年は総務省「労働力調査特別調査」による。
「夫＝雇用者・妻＝無業者」世帯とは、夫が非農林業雇用者で、妻が非就業者（非労働力人口及び完全失業者）の世帯を指す。
資料：総務省「労働力調査」

4　女性の働き方と子育て

女性の働き方の変化

図３-４が示すとおり、１９９０年代半ば以降、女性が結婚後も雇用者として働くことが多くなり、「夫婦ともに雇用者」世帯数が「夫＝雇用者、妻＝無業者」世帯数を上回っている。２０１０年の「労働力調査」によれば、「夫婦ともに雇用者」世帯は１０１２万世帯であるのに対して、「夫＝雇用者、妻＝無業者」世帯は７９７万世帯である。

ところで、無業の妻を、私たちはしばしば専業主婦と呼ぶ。そして、一般的には「昔の女性ほど専業主婦が多かった」と思われており、図３-４はそれを証明しているように見えるかもしれないが、事実はそれと異なっている。注意しなければならないのは、この図はあくまでも雇用者、つまりサラリーマンについて集計したものであり、農業などに従事している場合や非農業でも自営業者などのデータは含まれていないという点である。

もう一度、図3-1（産業別就業者割合の推移）を確認してみよう。農業など第一次産業に従事する人の割合を、非農業すなわち第二次産業や第三次産業に従事する人の割合が上回るのは１９６０年頃のことであり、それ以前は、第一次産業従事者の割合の方が高かった。第一次産業は、農家が代表するように家族経営によって支えられていた。家族経営では、家族が家族でありながら、家業を担う重要な働き手にもなる。もちろん女性も例外ではなかった。要するに、かつて、農家や自営業者の妻や嫁という立場で家族とともに働いていた女性たちは、産業化にともない男性（夫）が雇用者になるのに合わせて専業主婦化したといえる。

専業主婦化した世代―M字型曲線

落合恵美子は、年齢別女子労働力率を出生コーホート別に算出することで専業主婦化を確認した（落合、２００４年、17ページ）。一般に、日本の年齢別女子労働力率は「M字型曲線」といわれ、20代前半と40代後半の２度のピークの間に、くさび型に労働力率の低い時期（30代前半）が存在する。この年齢層で労働力率が低下するのは、結婚や出産を理由に仕事を辞める人が多く現れるためである。

落合によれば、団塊の世代（1947〜1949年生まれ）を含む1946〜1950年生まれの女性たちの20代後半における労働力率は、彼女たちよりも前に生まれた世代よりも低いという。つまり、団塊の世代よりも前の世代の女性たちは、「農家の嫁」や「自営業者の妻」として家族とともに働いていたが、団塊の世代が結婚や出産を経験する1960年代後半から1970年代の日本社会はサラリーマン中心社会で、彼女たちはサラリーマンの妻として専業主婦になったのである。

しかし80年代になると、団塊の世代よりも後の世代が、団塊の世代ほどには専業主婦という生き方を選択しなかったことに加えて、団塊の女性たちの子育てが一段落したことで再就職をし始めたことが、「夫＝雇用者（サラリーマン）、妻＝無業者（専業主婦）」世帯を減少させたのである（図3-4）。

「仕事と子育ての両立」という新しい問題

女性は昔から働いていたが、働き方が変わったのである。このような雇用者として働くことを選択する女性は、仕事と子育ての両立という新しい問題に直面することになった。なぜなら、かつて家族とともに家業を担っていた時代には、子どもを背中に背負いながら仕事をしたり、仕事の途中で家族に交替したりできたのだが、雇用者では、そのような行為は許されないからである。フルタイムで働く場合も、パートタイムで働く場合も、どちらも雇用者として働くことに違いはなく、仕事をするためには、子どもと離れる必要があるし、仕事のあいだ、子どもの世話をしてくれる人を見つけなければならない。

しかしながら、前節で確認したように、核家族化が進んだ今日の家族のなかに母親以外に子育て役割を担う人を見つけることは、非常に困難になっている。もう一人の親である父親は子育て期にあると同時に、社会人としては働き盛りといわれる年齢層にあり、多くの人が生活時間の大半を仕事時間に費やしている。２０１０年の「労働力調査」によれば、子育て期にある30〜40代男性のうち、約5人に1人は週60時間以上働いている。

そうした生活時間は、子育てに費やせる時間を短くするようである。２０１１年の「社会生活基礎調査」結果によれば、夫婦と6歳未満の子どもの世帯における妻の育児時間は3時間22分だが、夫の育児時間はわずか39分である。国際比較結果を見ても、日本の男性の家事育児時間の短さは際立っている。

別居親族による子育てサポート

それでは、家族以外に子育て資源を求めることができるだろうか。その一つの選択肢は世帯外の親族である。具体的には、別居している親（世話をされる子どもにとっては祖父母）やきょうだい

（世話をされる子どもにとってはオジやオバ）などがあげられよう。

じっさい、子育て中の女性の多くが別居親族からのサポートを得ている。「社会生活基礎調査」（2011年）の結果によれば、夫婦と6歳未満の子どもの世帯のなかで、保育園や幼稚園をのぞく、世帯外からの育児サポートを受けている世帯は約4割（37・2％）に達しているが、そのサポートの担い手の大半は親族（祖父母など）である。「援助を受けている」と回答した人に援助の担い手をたずねてみると（複数回答）、「親族（祖父母など）から」は36・0％、「近隣の知人・友人などから」は2・3％、「その他（ベビーシッター・保育ママなど）から」は1・3％であった。

子育て期の女性にとって親は重要なサポーターとなっているようだ。しかしながら、親が近くに住んでいない場合や、すでに他界している場合、頼みごとができるほどに親子関係がうまくいっていない場合もあるだろう。親の側の体力や気力の問題もあるし、そもそも親の側も仕事をもつ場合にはサポートを期待することは極めて困難である。

きょうだいは、どうであろうか。落合によれば、団塊の世代が子育てをしていた頃（1960年代）には、まだ親族ネットワーク、とくにきょうだいネットワークが強かったという（落合、2004年、91-96ページ）。落合は、次のように記述している。団塊の世代は「きょうだい数が多かったので、都会に出た後もきょうだい同士で何くれとなく支え合っていました。特に子育ての時期には、姉妹がさかんにゆききして、いとこたちはきょうだい同然に大きくなるということがしばしばありました」(落合、1994年、94ページ)。このように、1960年代頃までの子育て期の女性にとってきょうだいは重要なサポート資源であったが、団塊世代より下の世代からはそもそもきょうだい数が少なく、きょうだいからのサポートの実現可能性は小さくなったといえる。

親やきょうだいなど、親族からのサポートが期待できないとなれば、残るは親族以外である。育児サポートを期待できる非親族には、近隣住民、友人、専門機関などが候補に挙げられる。次節では、それぞれについてその可能性と課題を検討してみたい。

5　コミュニティは子育てを支えることができるか

近隣住民・友人・専門機関の強みと弱み

近隣住民や友人、専門機関に育児サポートが期待できるか否かを検討する前に、アメリカの社会学者リトウォックがアメリカとハンガリーで実施した調査の結果を参照してみたい。リトウォックは、近隣住民・友人・専門機関の性格を「対面接触」「関係の永続性」「機能の多面性」「情緒性」「個別性」「人的資源」という六つの局面で比較検討している。その結果が、表3-2である(森岡・望月、1997年、152-153ページより一部抜粋)。

近隣住民は、複数の人間を必要とし、日々の対面接触が必要となるような課題にはその力を発揮

表3－2　近隣住民・友人・専門機関の強みと弱み

局面	近隣住民	友人	専門機関
対面接触	高	低	極低
関係永続性	低	中	極低
機能多面性	中	中	極低
情緒性	中	高	極低
個別性	中	中	極低
人的資源	高	高	極高

する。東日本大震災発生直後、近隣住民の相互扶助がいかに重要な役割を果たしたかについては、改めて述べる必要はないだろう。ただし、入れ替わりのある近隣住民は、長期にわたる取り組みが必要な課題の解決には不向きである。

友人関係は、近隣関係よりも遠方に居住している可能性があるため、対面的な接触を要する課題には不向きであるが、しかし、複数の人間が必要で、情緒性と長期にわたる対応が必要な課題の解決には適している。

専門機関は、近隣住民や友人が成しうるようなレベルでの対面的接触や、長期的で多面的で情緒性と個別性に基づく対応は期待できない、と評価されている。専門機関によるサポートは、専門的ではあるが、しかし、個々の事情に即した臨機応変な対応は望めず、その点で万能ではない。リトウォックの整理をふまえながら、次に子育てサポートについて論じてみよう。

近隣住民・友人による子育てサポート

対面接触を要する課題について家族をサポートしてくれるはずの近隣住民だが、子育てへのサポートはあまり期待できない状況にある。子どもを預けるには、あらかじめ相当の信頼関係が築かれていることが前提となるだろうが、はたしてどれほどの人が、都市部において、信頼関係を築くほどに近隣住民と親しい交流をしているだろうか。互いのプライバシーを重視する現代社会において、近隣住民とはある程度の距離をもって接することが望ましいと考えられている。そのように考えていくと、近隣住民への子育てサポート期待は相当程度、低くなる。

では、友人はどうだろうか。友人を「子育て仲間」と捉え直してみるならば、その関係は往々にして、同じ保育園や幼稚園に子ども通わせている親同士、つまり、一定の地域内に暮らしている者同士であることが多い。名前も顔も知らない隣人に、隣人であるという理由だけで子どもの世話を依頼することはほとんどないに等しいと思われるが、もしもその隣人が隣人関係の域を超えて友人関係にまで発展すれば、その隣人は子育ての心強いサポーターになるだろうし、互いに子どもを育てている立場にいれば「子育て」という関心を共有する「仲間」と認識されるだろう。

専門機関による子育てサポート

専門機関は一律で標準的な課題の解決には適しているものの、個別的な特殊性を含む課題を扱うことが難しいという限界を有している。例えば、病気に罹っている子どもを保育園に預けることはできない。病児保育サービスも制度としては存在するが、あらかじめ診察を受けておくことや登録を済ませておくことなどが求められるし、何より、その日の受け入れ定員に達していないという幸運に恵まれなければならない。専門機関の利用は、早朝や夜間など定められた利用時間以外の時間帯はサービス対象外となるし、利用に年齢制限が設けられていたり、費用がかかったりする場合もあるだろう。今日の1時間だけ、というような臨機応変な対応は、専門機関には期待できない。個別の事情を汲みすぎれば、不公平な対応になる可能性が高まってしまうからである。

こうして考えてみると、専門機関がいかに発達しても、近隣住民や友人関係にとって代わることはできないという限界が見えてくる。そこで落ちてしまう部分、すなわち個々のニーズへの細やかな対応という点では、家族や親族、そして近隣住民や友人関係にやはり大きな期待が寄せられるのである。

つながりを作る場の必要性

産業化にともない、コミュニティのありようも家族のありようも、大きく変化した。都市部において人びとは、さまざまな専門機関に生活を依存し、それ以外のつながりを持たずに生活することに慣れてしまったように見える。他方、家族はその構成を単純化させ、規模を縮小させたにもかかわらず、依然として子育てや介護を担う中心的役割を果たすことを期待されている。

そのようななかで、いま、重要なことは、個々人が他者とのつながりを見直し、そして充実させることだろう。子育てについていえば、同じ地域に住む人たち、なかでも子育てをしている者同士がインフォーマルにつながり、支え合う関係が築かれることが期待される。専門機関には期待できない個別のニーズがそこで満たされる可能性が残されている。家族と親族、近隣と友人関係、そして専門機関が協働するなかで、豊かな子育てが可能になるのではないだろうか。現に、松田茂樹の調査結果によれば、世帯外からのサポートが多いほど、母親の育児不安度は低く、育児満足度が高いという（松田、２００８年、98ページ）。

ただし、上述のように、つながりを持たないことに慣れてしまった私たちをつなぐには、個々人の努力以外にも、それを後押しする装置が必要なのではないか。どのようにすれば、関心を共有する人同士を結びつけ、そこに豊かなコミュニティを作り出すことができるのか、さまざまな試みが今後ますます必要になっていくと思われる。物理的な距離がそれほど大きな問題とはならなくなった現在では、関心の共有こそがコミュニティ形成の要となっているといえる。子育て支援についていえば、子育て中の家族を個別に支援するだけではなく、そうした親子が集い、交流する場を用意することがますます必要になっていくに違いない。つまり、子育てという関心を共有する場を提供することが、そこにコミュニティを形成するきっかけとなっていくのである。

子育ては、比較的に多くの人がそれぞれの人生のなかで経験することである。大学生にとっては、少し先のことだが、決して遠い未来のことではない。子育てを支援する取り組みは、そのほかの人びとの暮らしやすさにもつながっていくはずである。親も子どもも、高齢者も、障害者も、地域で安心して暮らしていけるようなコミュニティの形成がいかにして可能か、という問いは、大学4年間をかけて、じっくりと考えてみる価値があるだろう。

引用文献
松田茂樹『何が育児を支えるのか　中庸なネットワークの強さ』勁草書房、2008年。
森岡清美・望月嵩『新しい家族社会学』（四訂版）培風館、1997年。
落合恵美子『21世紀家族へ　家族の戦後体制の見かた・超えかた』（第三版）有斐閣、2004年。

文献案内
井上眞理子編『家族社会学を学ぶ人のために』世界思想社、2010年。
吉田あけみ・山根真理・杉井潤子編著『ネットワークとしての家族』ミネルヴァ書房、2005年。
湯沢雍彦・宮本みち子『新版　データで読む家族問題』日本放送出版協会、2008年。

第3章

経済生活とコミュニティ

——経済社会の変化、イノベーションとコミュニティ政策

厚生経済学の祖アーサー・C・ピグーの『実践との関わりにおける経済学』という文献のなかに、次のような一節がある。

「カーライルによれば驚き（wonder）は哲学の始まりである。だが社会への情熱（social enthusiasm）は経済学の始まりである、と付け足せるだろう。」

これはピグーがケンブリッジ大学の教授に就任したときの講演内容である。

経済社会の絶え間ない変化のなかで、政策を学ぶということは、唯一の答えが存在しない、現実に起きている社会の問題に関心を持ち、それを解決するための方法を、自らが属する社会への情熱を抱き続きながら、思考し、行動を行っていくことなのではないだろうか。そのときに原点となるのが、関心と社会への情熱、すなわち自己の主題（central question）であり、「あなたの社会的使命は何か」という問いに答えることができる準備をしておく必要があろう。

さて本章の主題はコミュニティに見られる政策問題と経済社会の変化を結びつけ、特に今後の日本の経済社会の変化のなかで、どのような政策のイノベーション（変革）が求められるのか、という問いに答えることである。現代社会において、経済社会はグローバル化や少子化、高齢化、人口減少化の影響により、大きく変化し、新たな政策手段が求められている。そこで、どのような政策のイノベーションが求められているのだろうかを考えてみよう。

1 人口減少、高齢化に直面する日本

人口の動きを見る

日本の経済社会が直面している問題を一つあげれば、人口減少と高齢化の問題がある。国立社会

保障・人口問題研究所『日本の将来推計人口（平成24年1月推計）』の『出生中位-死亡中位』を前提にしたシミュレーションでは、日本の総人口は２０１０年に約1億２８０６万人のところ、２０６０年には約８６７４万人まで減少すると推計している。また高齢化率（65歳以上の総人口割合）は、２０１０年に23・０％であるが、２０６０年には39・９％になると推計している。総人口が減少する主な要因は、少子化に伴う15歳から64歳までの就労世代の人口減少が大きく、相対的に高齢化が高まっていくことがあげられる。

就労世代の人口が減少するということは、所得を稼ぐ世代が少なくなることであり、経済にマイナスの影響をおよぼす可能性があるということを暗示している。一方、高齢化にともない社会保障関係費などの財政支出は増加する可能性がある。つまり一家の家計に例えて言えば、収入は減り、支出が増え、その収入と支出の差（赤字）が広がっていく可能性があるということである。

高齢化と社会保障の費用に関わる問題は、経済全体だけでなく、地域レベルにおいても、地方はもちろん東京都や東京圏においても同様のことが予想される。

図１-１は、東京都が行った東京都における将来人口予測である。２０１０年の人口は国勢調査のデータで、２０１５年以降が予測数値である。東京都全体では、２０２０年の約１３３５万人を境に人口減少が進み、２０３５年には約１２７８万人となることが予測されている。特に、東京都の多摩・島しょ部では２０１５年の４２１万人を境に、人口が減少し、２０３５年には３８７万人

図１－１　東京都における人口減少と高齢化の予測

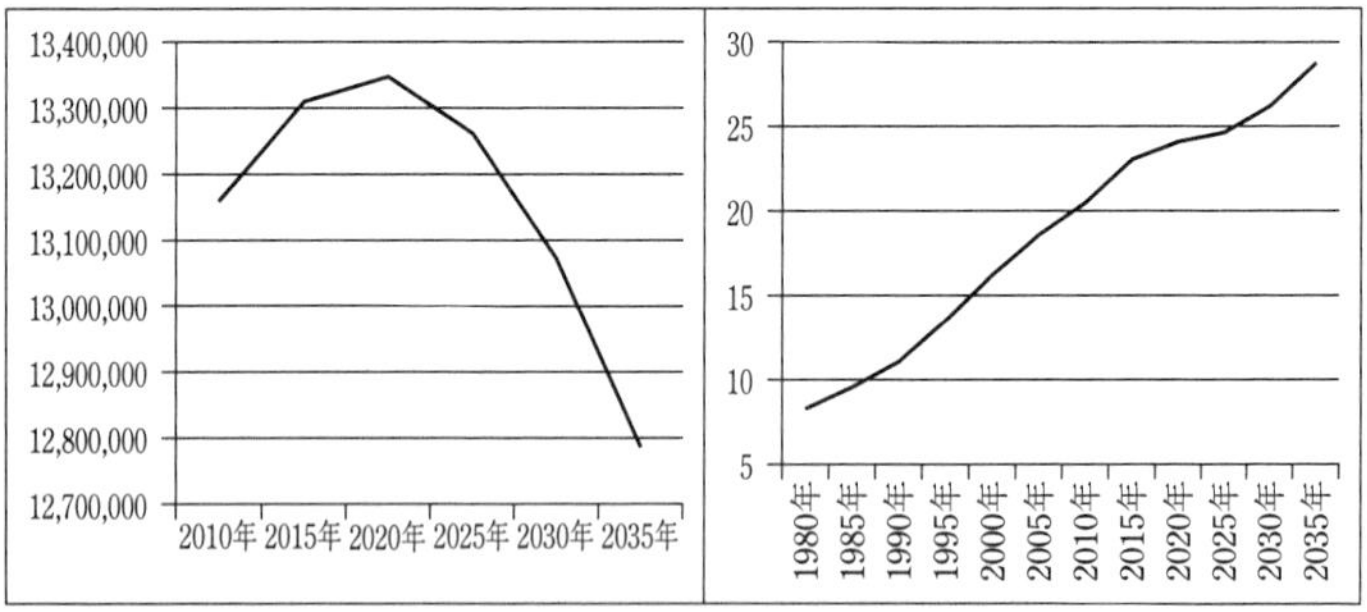

出所：東京都『2020年の東京』を基に筆者作成

となる。また23区部においても２０２０年の９１６万人を境に２０３５年には８９１万人に減少していくことが予測されている。

　また高齢化率の問題は、東京都の『２０２０年の東京』によれば２０１０年現在で20・４％と５人に１人の割合となっている。２０３５年には28・９％に上昇すると予測されている。この数値は、他の地方部に比べれば低い数値であると言えるかもしれない。しかしながら問題は、政策研究大学院大学の松谷明彦が指摘するように東京都の人口の多さにある。つまり65歳以上の人口割合だけを考えれば、他の地方部よりも低いかもしれないが、そもそもの人口数が異なるので、65歳以上の人口そのものを考えれば、地方部よりも都市部の方が高齢化の問題は深刻な問題であると言えるかもしれない。

　２０１０年現在の65歳以上の人口は約２６５万人で、２０３５年には約３５９万人と予測されている。今後、25年

図１－２　潜在扶養指数（生産年齢人口（20歳から64歳／従属人口）

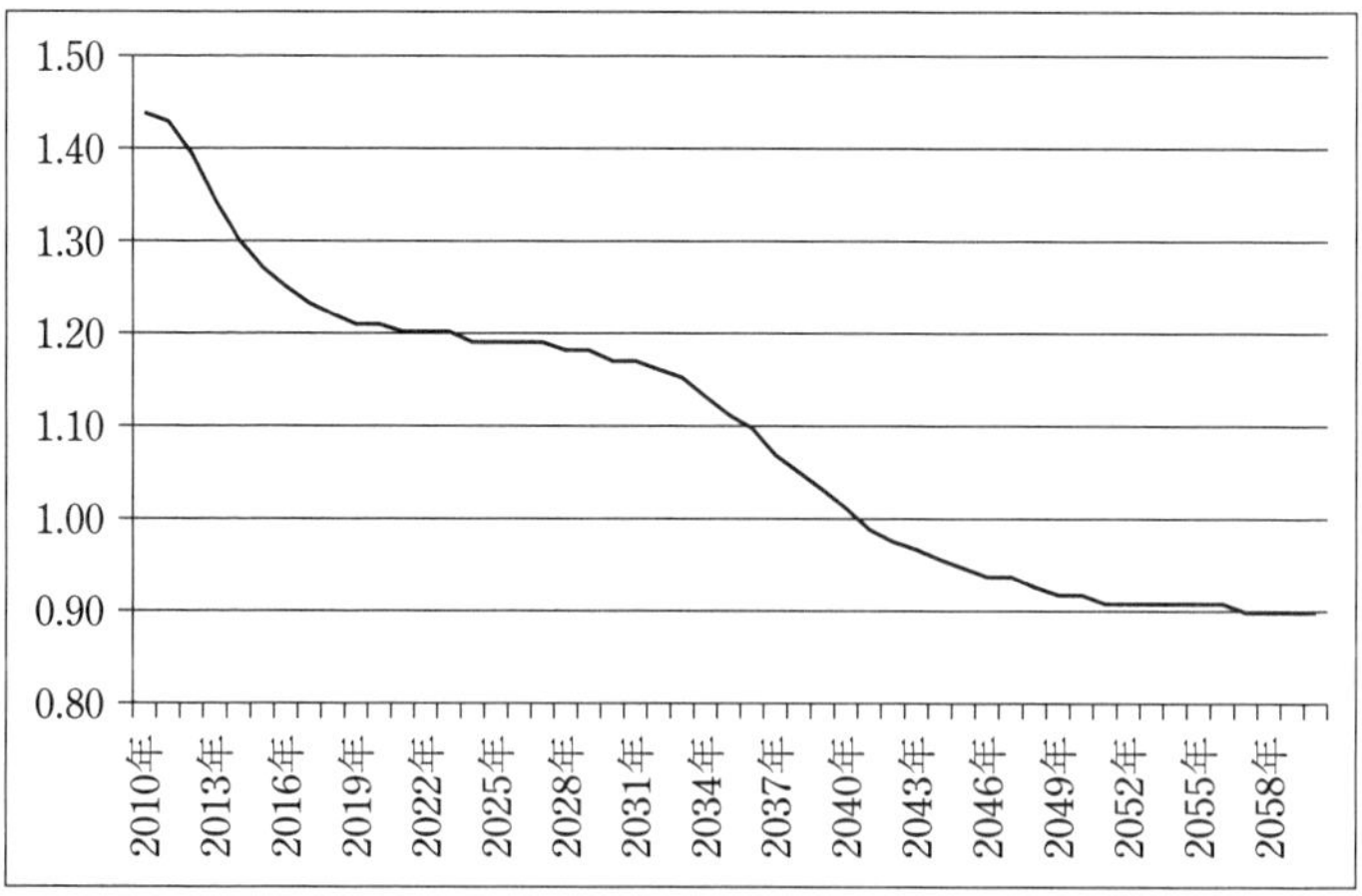

出所：国立社会保障・人口問題研究所『日本の将来推計人口（平成24年１月推計）』

間で約１００万人近い老年人口は、東京都の財政支出や就労世代の負担を増加させる要因になると考えられる。

就労世代の負担

就労世代の負担はどのように変化していくのであろうか。その変化を国立社会保障・人口問題研究所が示した潜在扶養指数の推移に基づいて確認しておこう。潜在扶養指数とは生産年齢人口（20歳から64歳）と従属人口（年少人口と老齢人口）の比であり、従属人口１人に対する生産年齢人口の人数がわかる。図１-２を見ると、２０１０年の潜在扶養指数は１・44人であるが、２０６０年には０・９人となることがわかる。つまり２０１０年では子どもや高齢者の１人を１・44人で支えていたが、２０６０年になると子どもや高齢者の1人を0・9人で支えなければならないということである。特に2020年代後半から2030年代の期間に急激に潜在扶養指数が減少することがわかる。

人口減少や高齢化が進めば、就労世代の負担が増加していく。そのような状況が進展していけば、高齢者や子どもたちを就労世代が支えるという仕組みを維持することは難しくなっていくであろう。そこで持続可能な社会を形成していくために、量的な拡大ではなくむしろ質的な改善をねらいとする政策のイノベーションが求められるのである。

2 「逆転の発想」で社会を支え合う仕組みに

こうした問いへの答えとして「少子化対策を行って子どもの数を増やしていけば良いのではないか」という意見があるだろう。もちろん、少子化対策を行い、子どもの数を増やしていく必要はある。しかし、それだけでは問題は解決しない。

やみくもに子どもの数を増やせば良いわけではない。なぜならば、少子化対策を進めたとしても財政や経済への効果が表れるには少なくとも統計上は15年かかる。現在の大学進学率なども考えれば、実質的には約20年間かかる。その間、子どもの数を増やすことは、就労世代の負担を増加させることになり、少子化対策にはディレンマが存在することがわかる。子どもの増やし方においては、日本の経済社会はこのディレンマをどれぐらい許容することができるのかというバランスを考えた上で、戦略的に進めていかなければならないのである。統計上で考えれば、現在の推計で示されている潜在扶養指数が急激に減少していく２０３０年代後半までに増加した子どもの数が就労世代となるように少子化対策を進めていくことが必要となる。具体的に言えば、２０３５年に20歳を迎える人口を増加するという目標を立てたとすれば、２０１５年の出生人口から就労世代の負担とのバランスを考慮しながら、戦略的に増加させていく必要があるだろう。

高齢者の就労環境

もう一つの答えは、高齢者の「いきがい」を通じた雇用創出を図り、できるだけ高齢者にいつまでも納税者（Tax Payer）側にいてもらうことである。それにより就労世代の負担を軽減しながら、さらに高齢者を支えるためのお金を少子化対策に使っていくことが可能となる。それによって、出生数の増加と就労世代の負担とのバランスが改善され、出生数の増加を進めていけるようになる。

しかし高齢者の就労には問題もある。それは高齢者の就労数が増えれば、トレードオフ的に若年世代の就労機会が減少するというディレンマである。経済の全体のパイが縮小していけば、労働市場も縮小していく。しかし高齢者の就労により就労人口そのものが増加していけば、雇用と就労のミスマッチが生じることになり、若年層の就労機会が失われるかもしれない。

そこで高齢者の就労環境は、就労世代の労働市場とは異なる市場で整えていくことで、就労世代も高齢者世代も就労することが可能になり、皆で社会の負担を分かち合うということを考えなければならない。

高齢者は「支えられる側」であるという発想を捨て、逆転の発想で、新しい分野や市場を創出しながら就労世代とともに「支え合う」仕組みを作ることが新たな政策イノベーションとして求められるのである。

3　年収1000万円以上のおばあちゃん：株式会社いろどり

ここに、コミュニティレベルの高齢者就労のひとつの事例がある。徳島県勝浦郡上勝町の「株式会社いろどり」の取り組みである。上勝町は人口約1900人（2012年11月）、住民の二人に一人が高齢者である。町では、ゼロ・ウェイスト宣言など2030年までに「持続可能な地域社会」づくりの基盤を築くための取り組みが行われている。

株式会社いろどり代表取締役である横石知二の著作を参考にしながら、株式会社いろどりと上勝町の取り組みを見てみよう。

上勝町は、元々は温州みかんの生産地であったが、1981年2月の異常寒波によって、みかんの木が全滅してしまったという。この危機を乗り越えるために始まったのが「葉っぱビジネス」であった。

「葉っぱビジネス」とは、山の中にある葉っぱを料理店で使う「つまもの」として出荷をするビジネスである。当初は山の中から採ってきた葉っぱをそのまま出荷していたが、売れ行きはあまり良くなかった。そこで料理店などからアドバイスをもらい、研究を重ねていくことで「売れる商品」になって変わっていき、２００７年度には約28億円の売上高に成長した。

このビジネスの特徴は、年収だけではなく、高齢者の「出番」が生まれ、高齢者が元気になるということにある。具体的には上勝町の一人当たり老人医療費の減少に貢献している。町民の、高齢者の笑顔は印象的である。

上勝町の事例から学ぶことは、高齢者が「いきがい」を持ち、「出番」があり、社会から必要とされることで、元気になり、地域も活性化する。さらに「やること」があることで、健康にも気を付け、作業をすることで認知症などの予防にもつながる、ということである。横石は、次のように述べている。「家族よりちょっと大きな集合体の中で自分の役割があるような、そういう社会をつくったほうがいいということです」。そして、そのような居場所や出番づくりこそが「福祉」であると示唆している。上勝町の「葉っぱビジネス」は、何が本来の「福祉」であるかについて再考させ、地域資源を活用したコミュニティ政策によって福祉社会を創っていくための示唆に富んだ事例である。

4　社会の問題をビジネスの手法で解決する

社会に住む人びとの「いきがい」を創出し、その「いきがい」を通じて、継続して社会の問題を解決していく方法としてソーシャル・ビジネスやコミュニティ・ビジネスという方法がある。コミュニティビジネスについて、経済産業省の理解によれば、つぎのように示せる。すなわち、環境保護、高齢者・障がい者の介護・福祉から、子育て支援、まちづくり、観光等に至るまで、顕在化しつつある多種多様な地域社会の問題解決に向けて、住民、ＮＰＯ、企業など、様々な主体が協力しながらビジネスの手法を活用して取り組むのがコミュニティ・ビジネスである。

またソーシャル・ビジネスは、何らかの社会の課題を解決するために設立され、事業活動を通じて、継続的に収益を得て、その配当は事業の拡大など社会の課題を解決することに使われる仕組みを意味する。

高齢者雇用とソーシャル・ビジネス

２００６年にノーベル平和賞を受賞したムハメド・ユヌスは、ソーシャル・ビジネスは先進国で意味があるのか、という日本経済新聞記者による質問に対して次のように答えている。

「社会問題が存在する限り、ソーシャル・ビジネスは役に立つ仕組みだ。例えば失業が深刻な欧州。現状では失業者は政府の補助に頼るほかない。財政負担が増すばかりで、職に就けない人々の社会的な不満も強まっている。利益を目標としないソーシャル・ビジネスの手法を活用することで、人々に働く場を提供するのが望ましい。」（日本経済新聞、２０１２年7月25日付朝刊）

また日本の場合について、次のように答えている。

「日本は高齢化が進んでいる。65歳など一定の年齢で定年になるが、80歳になっても元気なお年寄りは多い。それらの高齢者が働く舞台として、ソーシャル・ビジネスは役立つ。課題に応じた仕事を考えるべきだ。」（日本経済新聞、２０１２年7月25日付朝刊）

ソーシャル・ビジネスは、今後の行政の守備範囲が縮小した場合の政策ニーズの担い手としても期待がされている。

ビジネス手法の必要

なぜ「ビジネス」の手法が必要なのか。ユヌスは著書のなかで次のように述べている。

「受け取る商品やサービスにそれなりの対価を支払う人々は、自立に向けて大きな一歩を踏み出すことになる。寄付を受動的に受け取るのではなく、経済システムに積極的にかかわり、独力で自由市場経済に参加しはじめる。これは非常に大きな力となる。そして、貧困、格差、抑圧などの真の長期的解決につながるのだ。」（ユヌス、２０１０年）

ユヌスは、ＮＰＯやＮＧＯによる寄付や支援をすべて否定しているわけではない。しかし、「利益を受け取る相手に尊厳を与え、自立を促す。善意にあふれた効果的な慈善プログラムであっても、恩恵を受ける人々の自発性を奪ってしまうという影響は避けられない。貧しい人々は、いったん寄付に依存してしまうと、自分の足で立とうという意欲を失ってしまうのだ」と指摘する。ユヌスがバングラディッシュで行ってきたグラミン銀行の事例、グラミングループにおけるソーシャル・ビジネスの取り組みを踏まえて、経済システムに参加し、ビジネスを通じたサービスを提供することが、自立や主体性を促すことを示唆している。

もうひとつの理由は、事業の継続性の点である。すなわち財務的な持続可能性である。ユヌスは次のように指摘する。

「寄付に頼るのは、組織の持続可能な運営方法とはいえない。ＮＧＯのリーダーは資金調達に膨大な時間、労力、資金を注がなければならないし、たとえ資金調達に成功しても、大半のＮＧＯは慢性的な資金不足を抱えており、効果的なプログラムを拡大するどころか、維持することもままならないからだ。一方、ソーシャル・ビジネスは持続可能な作りになっている。したがって、所有者は寄付集めにとらわれることなく、社会の貧しい人々などへの利益を増大させることに専念できる。」（ユヌス、２０１０年）

またＮＰＯやＮＧＯではなく、企業の形態を持つことにより、事業や資金のガバナンスを働かせることができる。投資家は資金提供を通じて、社会の課題を解決するだけではなく、その解決方法にガバナンスを通じて主体的に参加することができる。

つまり、ソーシャル・ビジネスとは、投資家もサービス提供者もサービスの受益者も主体的に経済システムに参加し、社会の課題の解決を行うことができる仕組みであると言えよう。

5　ソーシャル・ビジネスの仕組み

ソーシャル・ビジネスの条件

ユヌスはソーシャル・ビジネスを以下の7つの条件によって定義している。

①経営目的は、利潤の最大化ではなく、人びとや社会を脅かす貧困、教育、健康、情報アクセス、環境といった問題を解決することである。

②財務的・経済的な持続可能性を実現する。

③投資家は投資額のみを回収できる。投資の元本を超える配当は行われない。

④投資額を返済して残る利益は、会社の拡大や改善のために留保される。

⑤環境に配慮する。

⑥従業員に市場賃金と標準以上の労働条件を提供する。

⑦楽しむ！

つまり、ソーシャル・ビジネスとは、利潤最大化、利潤追求を目的とするのではなく、何らかの社会の課題を解決するために設立され、事業活動を通じて、継続的に収益を得て、事業コストを稼いでいくことで持続可能性を持ち、その配当は社会の課題を解決するために使う仕組みを持つ企業

図5－1　株式会社、NPO、ソーシャル・ビジネスの違い

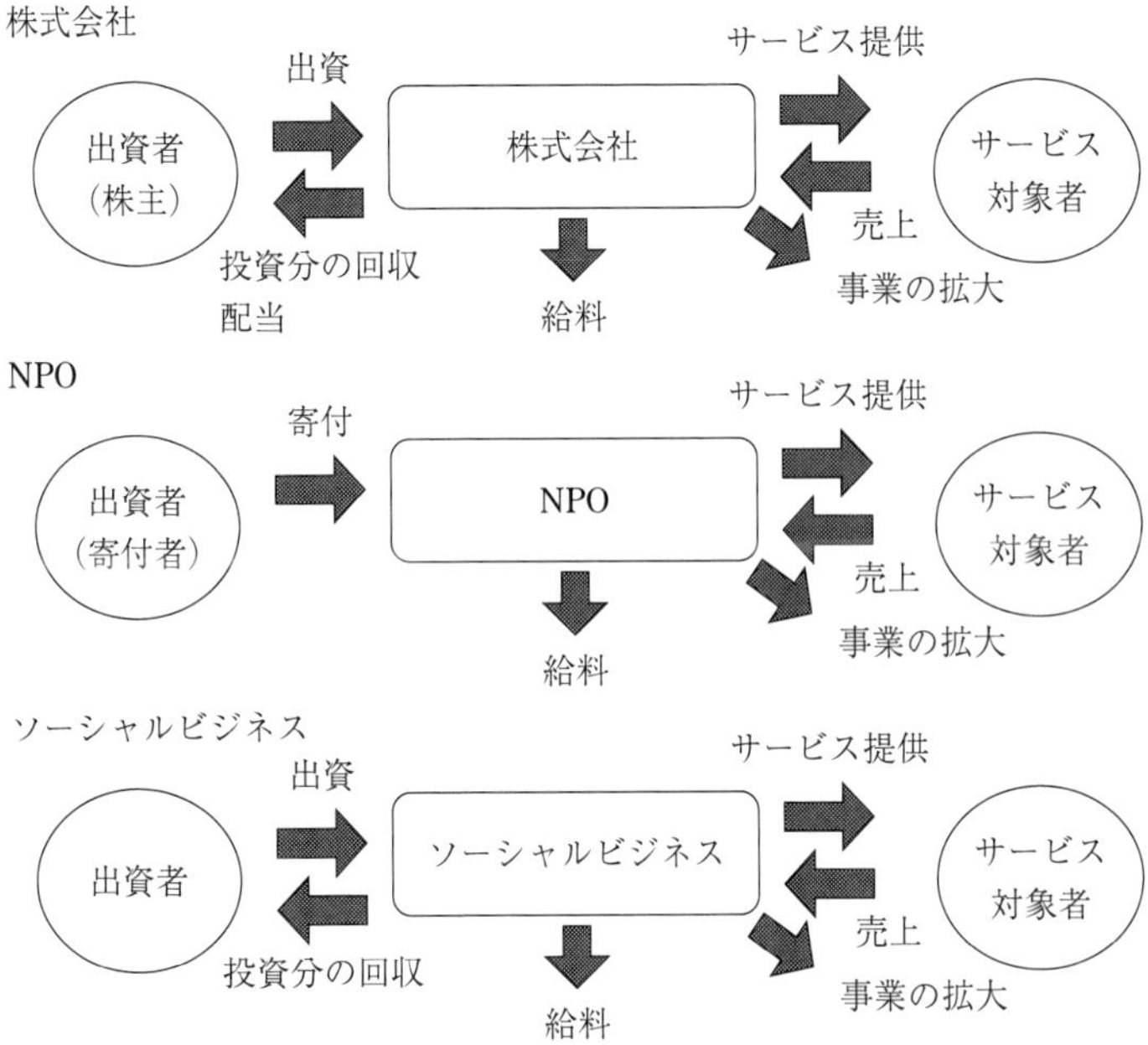

を意味する。また直接的に社会問題を解決するだけではなく、雇用や納税といった社会貢献も行っていく企業でもある。

株式会社、ＮＰＯ、ソーシャル・ビジネスの違い

民間企業（株式会社）、ＮＰＯ、ソーシャル・ビジネスそれぞれの違いを整理すると、図5－1のようになる。

株式会社、ＮＰＯ、ソーシャル・ビジネスともに出資や寄付を集め、事業活動を行う。事業を通じて、サービス対象者（需要者）から売上を得る。ＮＰＯの場合も

使用料などで収益を上げることは可能である。その収益を働く人びとに給料として支払うとともに、事業の拡大に向けた投資などを行う。

株式会社、NPO、ソーシャル・ビジネスの違いは、次の収益の分配の点にある。株式会社の場合は収益の分配において、株主に配当の形で分配を行う。また株主は投資分を回収することも可能である。一方でNPOは収益を分配し、配当を出してはいけないし、出資分も寄付であるので回収することはできない。この点は、出資者の出資動機に大きく依存し、ユヌスが指摘するNPOを運営するときの問題を生じさせることになる。

そこでソーシャル・ビジネスでは出資分は回収可能であるが、配当は出さずに、社会の課題を解決するための事業を拡大に活用するという仕組みになっている。

バングラディッシュの事例としては、マイクロファイナンス（小規模金融）を通じた貧困問題の解決に貢献しているグラミン銀行、農村部に携帯電話サービスを提供するグラミンフォン、再生可能エネルギーを供給するグラミン・シャクティなどがある。またダノン、ヴェオリア・ウォーター、雪国まいたけ、BASF、インテル、ユニクロ、ワタミなどの企業と合弁企業を設立し、健康、教育、公衆衛生に関する課題解決を行っていく仕組みが作られている。

地域の問題を地域で解決する。例えば、高齢者がソーシャル・ビジネスの手法を活用して、「いきがい」を感じ、「出番」を得て、自ら地域の課題を解決することができれば、サービスの提供者である高齢者も所得を得ることができるし、サービスの受益者も質の高いサービスを受けることができるかもしれない。収益は投資家に配当されるのではなく、社会の課題を解決するための事業を拡大することにつながるのであれば、さらに地域の課題を解決する力は大きくなっていく。高齢者が就労世代とともに社会を支え合う形の福祉社会を創ることができるだろう。

行政もアウトソーシングなどを通じて、ソーシャル・ビジネスを活用していくことで、質の高いサービスを効率的に提供できるようになる。また、その事業活動を通じて、税収が増えるとするならば、行政もソーシャル・ビジネスやソーシャル・ビジネスに出資を行う「ソーシャルビジネスファンド」に出資をしていくことで、ソーシャル・ビジネスの発展・拡大を促進させることができる。このような循環が生まれれば、地域の課題を解決する力がますます大きくなるだろう。

何よりも重要なことは、ソーシャルビジネスが進展していくことで高齢者が「いきがい」を持ち、「元気」に自分の出番を持つ福祉社会が創れることである。ソーシャル・ビジネスには就労世代と高齢者という世代間での支え合いではなく、社会全体で支え合うというシステムを作り出す核としても期待できる。

6　投資・消費行動も社会を変える

日本の寄付規模

「いきがい」や「出番」作りは労働やビジネスだけの問題ではない。人びとが主体的な市民となり、消費活動を変えること、投資活動を行っていくことからも「いきがい」や「出番」を得ることができる。こうした消費や投資に関する活動の変化は、日本におけるソーシャル・ビジネスの発展と拡大のためにも欠かせない。

日本ファンドレイジング協会が発行する『寄付白書２０１１』には、２００９年の日本における寄付総額が推計されている。その推計では、個人寄付の推計総額は５４５５億円、法人寄付の総額は５４６７億円で、日本の寄付推定総額は１兆９２２億円（名目ＧＤＰの０・40％）であったとしている。また米国の寄付総額は、２９０８・９億ドル（名目ＧＤＰの２・06％）、英国の寄付総額は４１０・０億ポンド（名目ＧＤＰの１・４％）であるとしており、日本の寄付規模は米英に比べ、小さいことが示されている。しかしながら、２０１１年には東日本大震災の義援金など、人びとの共感の中で、多額の寄付金が集まっていることも確かである。

例えば、１兆円規模の金額がソーシャル・ビジネスに投資がなされたとしたら、様々な地域における課題の解決につながるであろう。投資家や投資ファンドが社会的責任行動のひとつとして、配当を求める投資の他に、配当は求めずに主体的に社会の課題を解決するための投資を、ポートフォリオの中に組み込めば、社会の課題を解決する大きな力になるだろう。

また消費行動そのものもソーシャル・ビジネスを通じた社会の課題を解決する力に大きな力を与える。ピーター・ドラッカーは著書『マネジメント』の中で、企業の目的を「顧客の創造である」と指摘している。そして、「企業は二つの、そして二つだけの基本的な機能を持つ。それがマーケティングとイノベーションである」と指摘する。ドラッカーはマーケティングを「顧客を理解し、製品とサービスを顧客に合わせ、おのずから売れるようにすることである」と述べ、「「われわれの製品やサービスにできることはこれである」ではなく、「顧客が価値ありとし、必要とし、求めている満足がこれである」と言う」ことが重要であるとする。

つまり顧客が企業の提供する商品やサービスに「社会の課題の解決」に価値を求め、必要としているのであれば、「社会の課題解決」という付加価値を商品やサービスに加えることは企業として合理的な行動となる。つまり消費者が変わることで、企業を単なる利潤追求の主体ではなく、社会の課題を解決する主体に変わるよう導くことができるのである。

商品の社会性

ここで、ひとつの予備的なアンケートの結果を示したい。筆者が「ソーシャル消費」を研究するにあたり、2012年10月に大学1年生、2年生、3年生171名を対象に予備的なアンケートを実施した。その問いは、次の2つの質問であった。

「Q1．いま、2つの商品があります。この商品の価格が同じとき、「社会性」が考慮されて製造された商品（A）と「社会性」が考慮されずに製造された商品（B）のどちらを、あなたは購入しますか？　あなたが購入する方に○を付けて下さい。」

「Q2．いま、2つの商品があります。「社会性」が考慮されて製造された商品（A）は1000円、「社会性」が考慮されずに製造された商品（B）は500円だったとします。商品から得られる満足が同じ場合に、あなたが購入する方に○を付けて下さい。」

Q1の結果とQ2の結果を図6-1でまとめた。Q1は、価格も商品から得られる満足も同じ場合、社会性が考慮された商品と社会性が考慮されていない商品のいずれかを購入するかという問いである。その問いには、96・49％の学生が「社会性が考慮された商品」を購入する、と答えた。次にQ2では、商品から得られる満足は同じだが、価格が2倍ほど違う場合に、社会性が考慮された商品と社会性が考慮されていない商品のいずれかを購入するかという問いである。この結果、70・76％の学生が「社会性が考慮されていない商品」を購入する、と答えた。

図6－1　社会性が考慮された商品を購入するかどうか

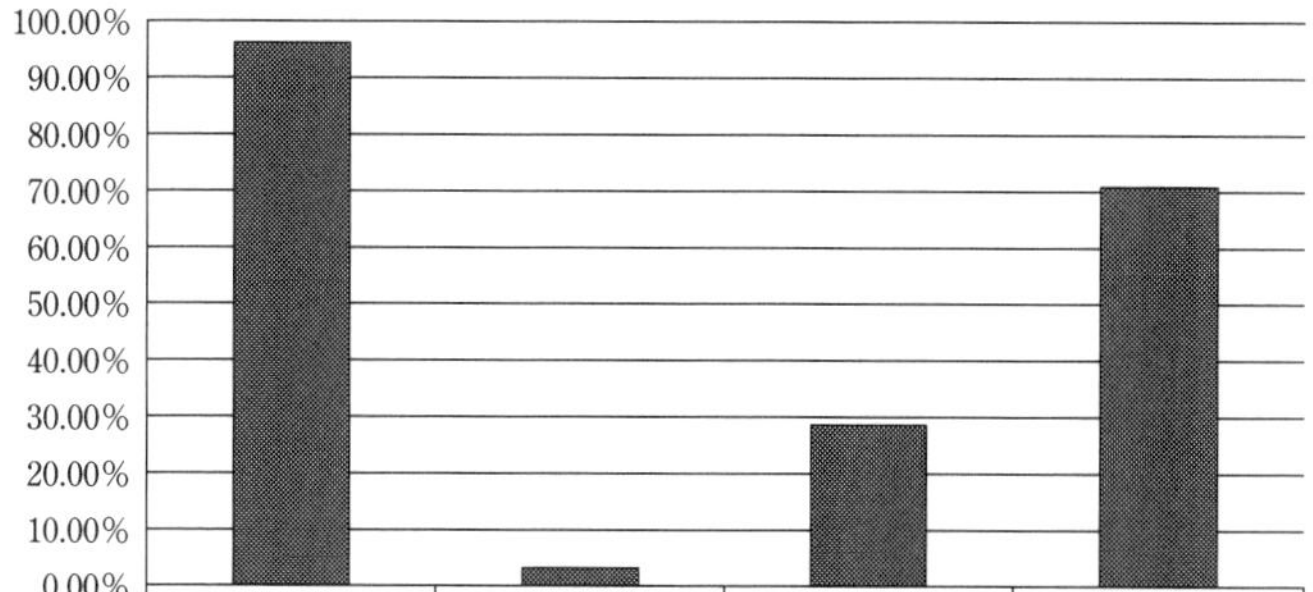

	社会性が考慮された商品（Q1）	社会性が考慮されていない商品（Q1）	社会性が考慮された商品（Q2）	社会性が考慮されていない商品（Q2）
■ 系列1	96.49%	3.51%	28.65%	70.76%

出所：筆者アンケートに基づき作成

この結果は潜在的には「社会性が考慮された商品」を購入したいと考えているが、価格が異なれば、「社会性」よりも「価格」が優先されてしまう可能性が示されている。この結果は、当然の結果であると考える。ここで重要になるのは、イノベーションである。ドラッカーはイノベーションについて、次のように述べている。「イノベーションとは、人的資源や動的資源に対し、より大きな富を生み出す新しい能力をもたらすことである」。つまり、企業にとって社会性が考慮された商品を社会性が考慮されていない商品の価格に近付くように、価格を引き下げることもイノベーションであるし、価格は変えられなかったとしても、社会性が考慮された商品に価格差を上回る価値を付加することもイノベーションである。

アンケートの結果で、Q2に未回答であった回答があった。その理由は、次のような理由であった。「同じ品質なのに価格に差がでるならば安い方を買う。自分が買わないことにより商品Bの製造をとめることができるなら商品Aを買う」。この回答はイノベーションの大きな示唆を与えている。つまり、自分の消費行動が現実的な結果に結びつくのであれば、もしくは結びついているのが見える（わかる）のであれば、価格差があったとしても、「社会性が考慮された商品」が購入される可能性があるということである。

投資行動においても、消費行動においても、自身の選択行動が現実的に社会を変えているという実感を得る、もしくは社会が変わるプロセスが「見える化」されているのであれば、社会の課題を解決する行動への潜在的な意欲を現実的な行動に結び付けられるかもしれないのである。

投資家が消費者も変わり、投資行動や消費行動をソーシャルなものに変化させることで企業も変わる。さらには、その投資や消費の変化にともない、ソーシャル・ビジネスの事業と結びついていくのであれば、多くの人々の「いきがい」を生み、「出番」を作る。投資活動や消費活動など身近な行動を通じて参加することができることから投資家も消費者も自分の「出番」を感じられる。それによって、社会問題を主体的に解決し、みんなが「支え合う」という福祉社会が創れるのである。

7　社会にイノベーションを起こす

本章の主題はコミュニティの政策問題と経済社会の変化を結び付け、特に、今後の日本の経済社会の変化の中で、どのような政策のイノベーションが求められるのかという問いであった。その答えのひとつは、次のような答えである。「いきがい」や「出番」を作り、ソーシャル・ビジネスという新たな社会の問題を解決する仕組みを核にしながら、何らかの社会の問題を主体的に解決し、みんなで「支え合う」という福祉社会を創っていくことである。

人間には誕生・成長・死、そして新しい生命の誕生というライフサイクルがある。同様に、企業も国も、そして地域社会にもライフサイクルがある。そのライフサイクルの中で、衰退から滅亡するか、衰退から再び新しいライフサイクルを始められるかは、まさに衰退期においてリストラクチャリングとイノベーションを行えるかどうかである。リストラクチャリングとは過去を否定することではなく、継続すべきことを継続し、継続すべきではないことを継続しないことを決めることである。またイノベーションとは、発明などの技術面の革新にとどまらない。新たな価値を生み出すことである。その意味で、現代の日本全体において求められていることは、そうした社会全体のイノベーション、すなわちソーシャルイノベーションである。

ライフサイクルはそのまま現代国家にあてはまらないかもしれないが、次のステージに向って日本が、そして地域やコミュニティが、ソーシャルイノベーションに踏み切れるかどうかは、「出る杭」を打つのではなく、育てるだけの器量が社会にどれだけあるかにかかっている。イノベーションは時に、非常識から生まれる。人々が思いもしない発想から生まれる。その「出る杭」を打ち、潰すことは、自らイノベーションの機会を捨てていることになる。現代日本にとってその許容力がいま試されている。

大学の教室では、社会的情熱をもって、知識だけではなく、実践を通じながら社会にイノベーションを起こすための方法も学ぶことが必要である。これまでの日本型の経済成長のモデルは、経済社会の変化にともない限界を迎えていることも確かであろう。結果として、多くの社会問題を表出させ、未解決のまま先送りになっている。それに対応する新しいモデルの構築が要請されることになるであろうが、それ以上に大学には、学生が分析能力を高め、問題の原点は何かを見極めて、新たなライフサイクルを始めるためのイノベーションを生み出す力を身につけるよう求められることになろう。そこに大学と社会との連携の意義があり、新たなる「知」の創造の原点がある。そのためには、古典を学び、理論を学び、事例研究から学んでいくことがとても大切になる。

8　コミュニティ政策の原点は共感

アダム・スミスは『国富論』の前に、公刊した『道徳感情論』の最初の一節に、次のような一文がある。

「人間がどんなに利己的なものと想定されうるにしても、あきらかにかれの本性のなかには、いくつかの原理があって、それらは、かれに他の人びとの運不運に関心をもたせ、かれらの幸福を、それを見るという快楽のほかにはなにも、かれはそれからひきださないのに、かれにとって必要なものとするのである。この種類に属するのは、哀れみまたは同情であって、それはわれわれが他の人びとの悲惨を見たり、たいへんいきいきと心にえがかせられたりするときに、それにたいして感じる情動である。」

同感（共感）は、人々の相互の支え合い、「共生」を生み出す。ムハメド・ユヌスがグラミン銀行で始めたマイクロファイナンス、そしてソーシャル・ビジネスの原点も相互の助け合いであり、「共生」の精神である。今後、社会の問題を解決するためには、共感や共生の精神を原点とするコミュニティ政策が求められている。

まさに現代社会において、限界を迎えた従来のシステムから共感や共生を原点とした政治経済システムへの転換をめざしてソーシャルイノベーションが求められている。これは新たなシステムへの転換なのではなく、むしろ社会科学分野の原点への回帰を意味しているとも言えよう。

その政治経済システムは、相互に「いきがい」を尊重し、支え合い、また競争メカニズムのなかで、社会全体の便益を最大化していくことで、経済的にも社会的にも価値を高めていくシステムである。ソーシャル・ビジネスや消費者、企業、投資家の社会的行動が結び付いていくことで、社会の問題を解決するシステムの形成が期待されるであろう。

最後に、ピーター・ドラッカーの『傍観者の時代』のなかの言葉を引用しておこう。


「そして何よりも、［私の］おばあちゃんが知っていたことは、コミュニティとは、金やサービスや薬の配給のためだけのものではないということだった。それは思いやりの世界だった。オルガさんの工学専攻の甥のことを覚えていることであり、彼が学位を取ったことを共に喜ぶことだった。

それは、大昔に他界した従姉の召使いが慈しみ育てた可哀想なポーラを訪ねて、郊外の遠くまで足をのばすことだった。あるいは、街角で男の袖を引いている夜の人に咳止めドロップをあげるために、痛い足を引きずって五階までの階段を昇り降りすることだった。

確かにそのコミュニティは、息の詰まる小さな世界だった。新しい考えを受け付けず、搾取する世界だった。（中略）

しかし仕事への敬意、人への思いやり、人と人の絆こそ、まさに二〇世紀という世紀が、必要としつつも失ってしまったものだった。」

人びとのニーズがそこにあり、それを求め、そして社会的情熱と共鳴し合うとき、イノベーションは起きる。人びとの「いきがい」、「出番」、そしてあくなき「欲求」、それが共鳴し、人びとが共感として重なり合った時に社会のイノベーション、コミュニティのイノベーションが始まる。

引用文献

アダム・スミス（水田洋訳）『道徳的感情論　上下』岩波文庫、２００３年。
ピーター・Ｆ・ドラッカー（上田惇生編訳）『［エッセンシャル版マネジメント］』ダイヤモンド社、２００１年。

ピーター・F・ドラッカー（上田惇生訳）『ドラッカー名著集12　傍観者の時代』ダイヤモンド社、2008年。

アーサー・C・ピグー（八木紀一郎監訳）『富と厚生』名古屋大学出版会、2012年。

ムハマド・ユヌス（岡田昌治監修、千葉敏生訳）『ソーシャルビジネス革命』早川書房、2010年。

日本ファンドレイジング協会編『寄付白書2011』日本経団連出版、2012年。

横石知二『生涯現役社会のつくり方』ソフトバンク新書、2009年。

文献案内

竹井善昭『社会貢献でメシを食う』ダイヤモンド社、2010年。

堂目卓生『アダム・スミス』中公新書、2008年。

松谷明彦『人口減少時代の大都市経済』東洋経済新報社、2010年。

金子郁容・國領二郎・厳網林『社会イノベーターへの招待「変化をつくる」人になる』慶應義塾大学出版会、2010年。

本間正明・金子郁容・山内直人・大沢真知子・玄田有史『コミュニティビジネスの時代　NPOが変える産業、社会、そして個人』岩波書店、2003年。

第4章 人間形成とコミュニティ——体験活動を通した学び

1 コミュニティと資質

コミュニティとの関係性

日本において、コミュニティとは様々な意味を持って用いられている（序章参照）。対象とする場所や環境の違いによって、意味するところが異なる。それは、社会や市町村、自治体であったり、ソーシャルネットワークサービス（以下、SNS）上のコミュニティを指す場合もある。淑徳大学コミュニティ政策学部の石川久教授は、論文のなかでコミュニティを以下のようにとらえている。

「それぞれの地域または領域において、自主性と責任を自覚した人々が、問題意識を共有するもの同士で自発的に結びつき、ニーズや課題に能動的に対応する人と人とのつながりの総体をいう」

このようにコミュニティをとらえると、我々が現代において社会生活を行うということは、何かしらのコミュニティに属していると考えることができる。それは、家族や家庭、友人、学校や職場、サークル、自治体、市町村、都道府県、国、地球等、非常に多岐にわたる。では、誰もが属しているコミュニティにおいて、より有効かつ円滑にコミュニティ内で関係を構築するには、どういったことが必要なのだろうか。

政策的なことは他章に譲り、本章では人間の資質や能力に焦点をあてていきたい。

コミュニティを「人と人のつながり総体」ととらえるならば、そこには人と人とをつなぐ「コミュニケーション能力」が必要となる。また、「自主性と責任を自覚した人々」が対象であるのならば、「主体性」や「責任感」が求められる。そして、「ニーズや課題に能動的に対応する」ためには「課題解決能力」が不可欠となってくる。そして、人が集うところにはルールやマナーが存在し、それを守った行動が求められるのである。

全国調査の結果からわかること

平成22年、国立青少年教育振興機構は、「子どもの体験活動の実態に関する調査研究」において、幼児期から義務教育修了までの各年齢期における多様な体験（「子どもの頃の体験」）とそれを通じて得られる資質・能力（「体験の力」）の関係性を把握し、学校や地域、家庭において、どの年齢期にどういった体験が重要になるのかを明らかにするため、青少年の発達段階に応じた適切かつ効果的な体験活動の推進に関する調査研究を行った。

調査は、子どもの頃の体験（自然体験、動植物とのかかわり、友だちとの遊び、地域活動、家族行事、家事手伝い）と体験の力（自尊感情、共生感、意欲・関心、規範意識、人間関係能力、職業意識、文化的作法・教養）についてそれぞれ調査項目を作成し、成人（20代〜60代）対象のウェブ調査と、青少年対象の質問紙調査により、それぞれ得られた回答を得点化し、子どもの頃の体験と「体験の力」の関係を見たものである。

調査対象の内訳は、成人対象の調査では20代〜60代の成人5、０００人（各年代で男女各５００人）、青少年を対象とした調査では、小学5年生2、８６０人、小学6年生2、８３０人、中学2年生2、４８０人、高校2年生2、８４４人であった。

成人を対象とした調査の結果から、子どもの頃の体験と体験の力をクロス集計すると、以下のような傾向がわかってきた。

①子どもの頃の体験が豊富な大人ほど、やる気や生きがいを持っている人が多く、モラルや人間関係能力が高い人が多い（図1-1、1-2、1-3）。

子どもの頃の体験が豊富な人ほど、「経験したことのないことには何でもチャレンジしてみたい」といった「意欲・関心」や「電車やバスに乗ったときお年寄りや身体の不自由な人には席をゆずろうと思う」といった「規範意識」、「友達に相談されることがよくある」といった「人間関係能力」が高いという結果が出ている。

②子どもの頃の体験が豊富な大人ほど、「丁寧な言葉を使うことができる」といった、日本文化としての作法・教養が高い（図1-4参照）。

子どもの頃の体験が豊富な人ほど、「丁寧な言葉を使うことができる」といった「文化的作法・教養」が高い。

そして、「文化的作法・教養」の5項目は、体験の6つのカテゴリ（「自然体験」「動植物とのかかわり」「友達との遊び」「地域活動」「家族行事」「家事手伝い」）すべてと強い関係を示している。

③自然体験や友だちと遊ぶ体験は若い世代ほど少ない。幼少期の家族行事の体験は若い世代ほど増えている（図1-5参照）。

「夜空いっぱいに輝く星をゆっくりみたこと」といった「自然体験」、「すもうやおしくらまんじゅうをしたこと」といった「友だちとの遊び」が若い世代ほど少ない。一方、幼少期での「家族の

図１－１　子どものころの体験とやる気

経験したことのないことには何でもチャレンジしてみたい（現在）

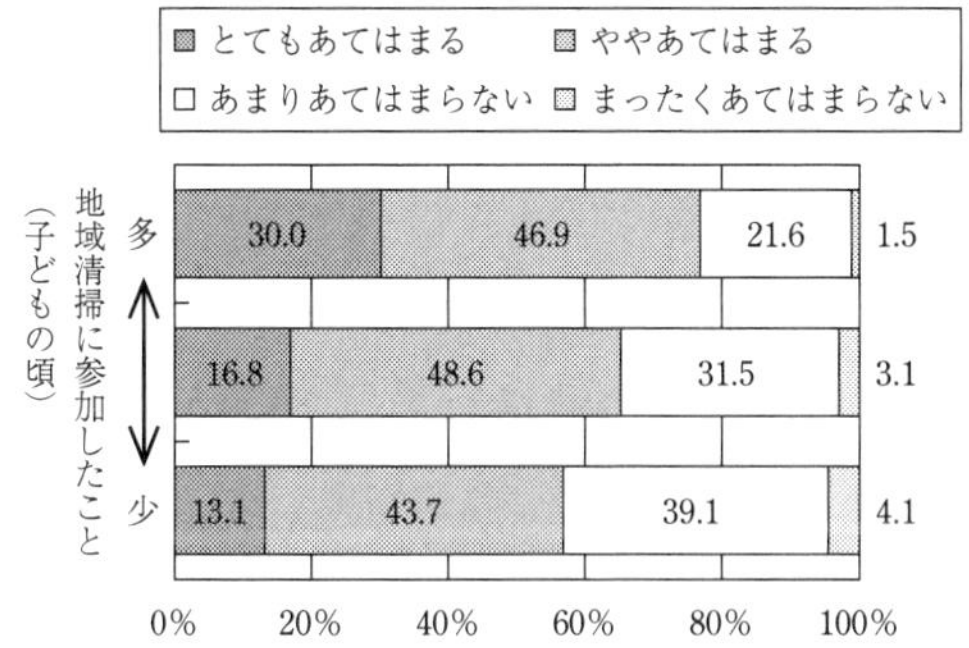

図１－２　子どものころの体験とモラル

電車やバスに乗ったとき、お年寄りや身体の不自由な人には席をゆずろうと思う（現在）

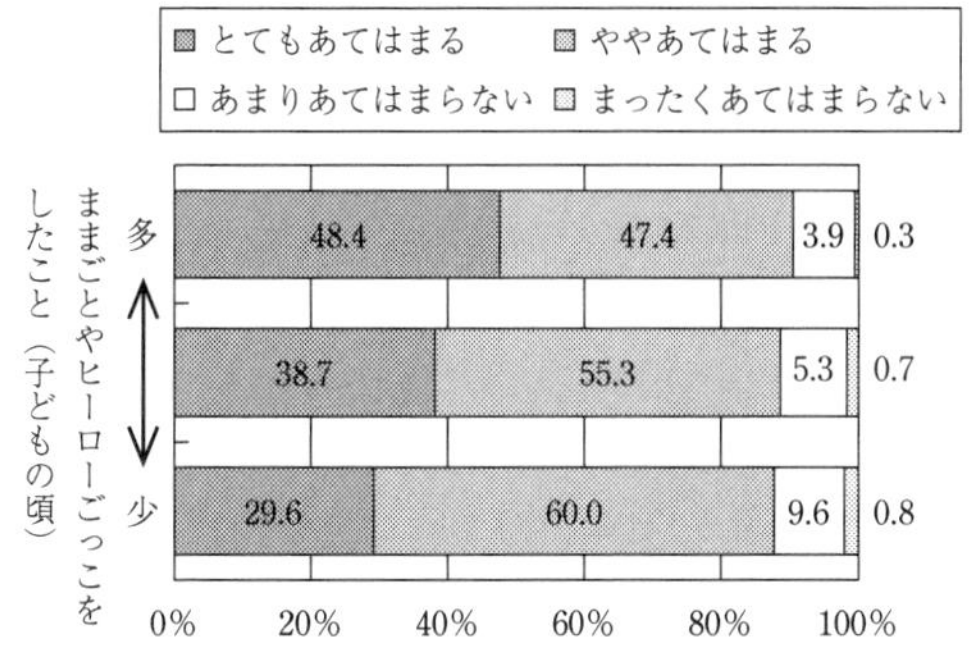

図1-3　子どものころの体験と人間関係能力

友だちに相談されることがよくある（現在）

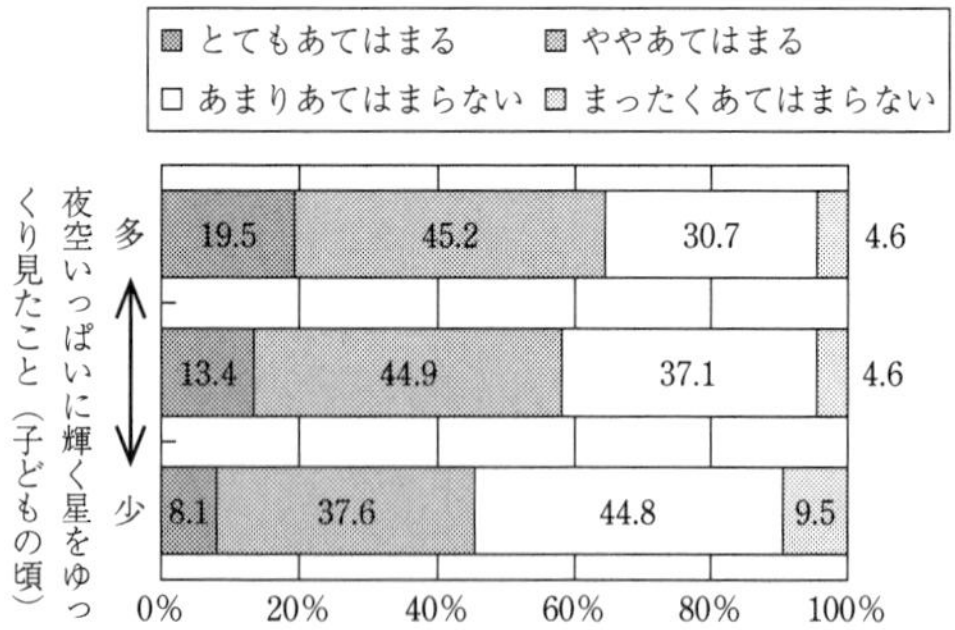

図1-4　子どものころの体験と文化的作法

文化的作法・教養（現在）

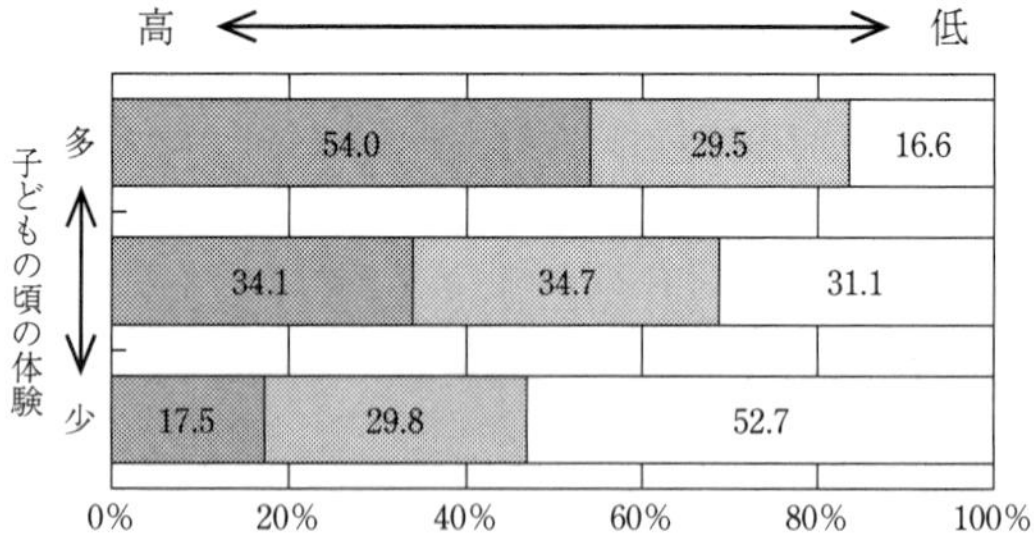

図１－５　子どもの頃の体験の平均

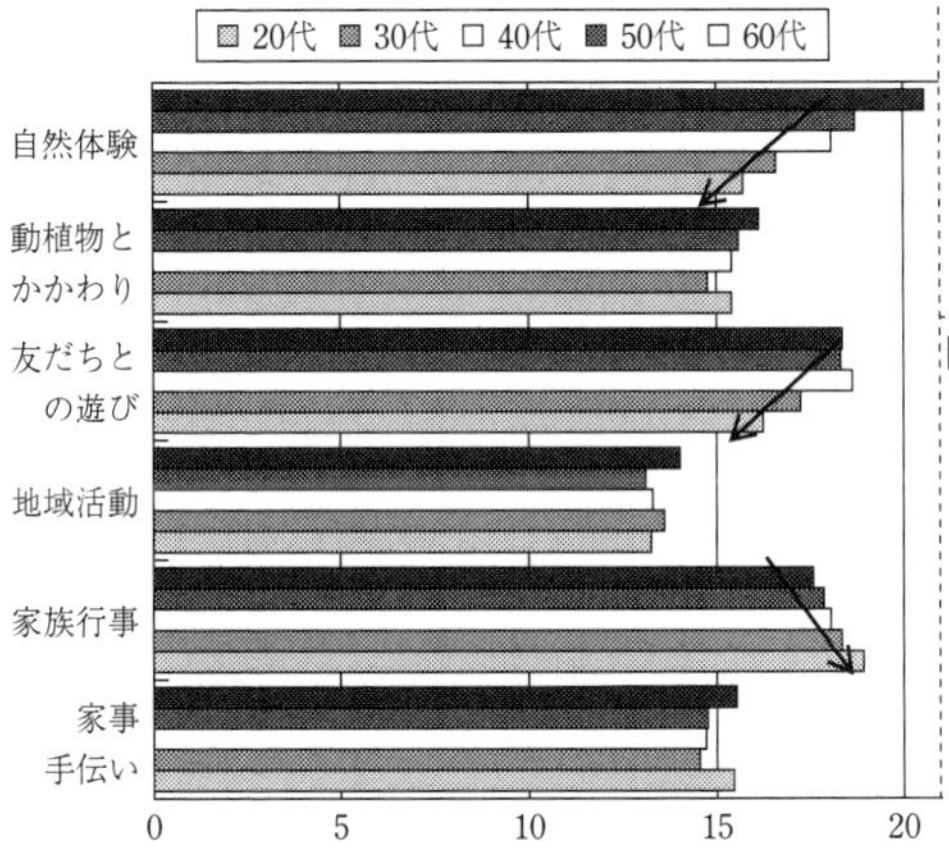

【「自然体験」に関する５項目】
・海や川で貝を採ったり魚を釣ったりしたこと
・海や川で泳いだこと
・太陽が昇るところや沈むところを見たこと
・夜空いっぱいに輝く星をゆっくり見たこと
・湧き水や川の水を飲んだこと

【「友だちとの遊び」に関する５項目】
・かくれんぼや缶けりをしたこと
・ままごとやヒーローごっこをしたこと
・すもうやおしくらまんじゅうをしたこと
・友人とケンカしたこと
・弱い者いじめやケンカを注意したり、やめさせたこと

誕生日を祝ったこと」といった「家族行事」は若い世代ほど増えている。

特に、①については、子どもの頃の「自然体験」や「友だちとの遊び」「地域活動」等の体験が豊富な人ほど「経験したことのないことには何でもチャレンジしてみたい」といった「意欲・関心」や「電車やバスに乗ったときお年寄りや身体の不自由な人には席をゆずろうと思う」といった「規範意識」「友だちに相談されることがよくある」といった「人間関係能力」が高いという結果が出ている。

以上のように、青少年期の体験がその後の能力に影響を及ぼすこと、年代が若くなるにつれ体験が少なくなってきていることが伺える。社会のなかで生活をしていく上で必要な「人間関係能力」や「規範意識」といった能力が体験活動によって育まれると推察できる。この調査であげられている「体験の力」の項目は、コミュニティで関係を構築するために必要な資質と同等のものと考えられる。体験活動を経験することで、必要な資質を身につけることができ、そして、その体験活動が現代になるほど減少傾向にあることがわかる。

2 コミュニケーション能力

近年、青少年のコミュニケーション能力の低下が問題視されている。携帯電話や、インターネットの普及により、直接会って話をせずとも簡単にコミュニケーションをとることが可能になっている。特に最近では、facebookやmixi等のSNSやTwitter、LINE等が普及し、ネット回線を通じてリアルタイムにコミュニケーションをとれるようになっている。このように、情報化社会が発展すればするほど、直接のコミュニケーションは阻害され、自分の意思を伝えたり、相手も気持ちを理解するといったコミュニケーション能力は低下の一途を辿るばかりである。そして、この問題は青少年だけではなく、すべての年代にも言えるのではないだろうか。

図2-1は、コミュニケーションの話をする際によく用いられる、「ジョハリの窓」である。心理学者ジョセフ・ルフトとハリー・インガムが発表した「対人関係における気づきのグラフモデル」

図２－１　ジョハリの窓

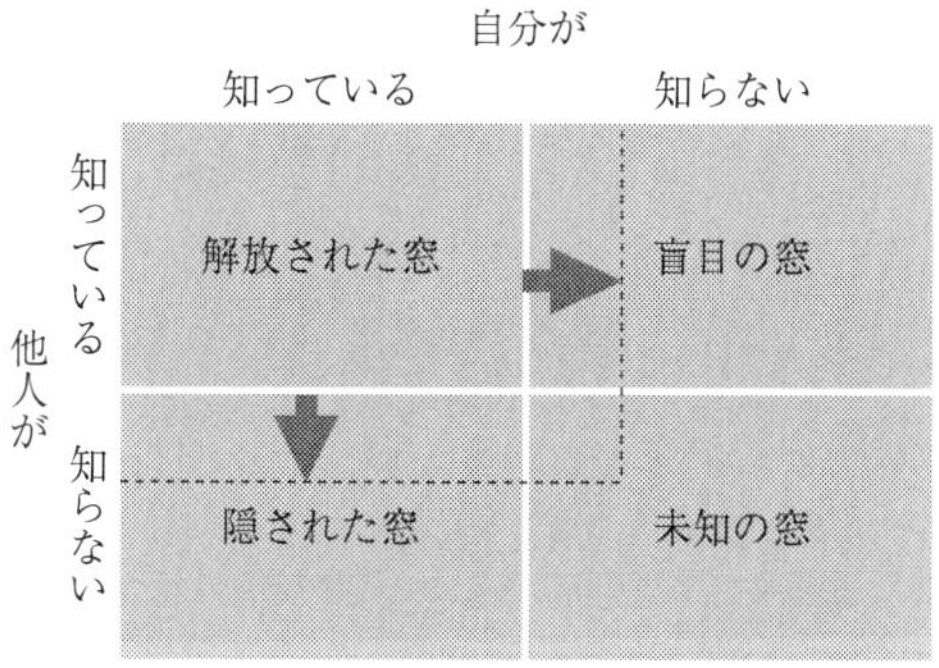

のことを、後に「ジョハリの窓」と呼ぶようになった。ジョハリは提案した2人の名前を組み合わせたものである。

このモデルは、「自分が知っている・知らない」「他人が知っている・知らない」という2つの視点から判断し、「開放された窓」「隠された窓」「盲目の窓」「道の窓」の4つに分類するものである。

円滑なコミュニケーションをとるには、「開放された窓」をいかに大きくし、それ以外の窓を小さくしていくことが重要であるとされている。

現代のように、携帯電話やネット回線を通じて、コミュニケーションをとることは、自身の情報を隠した状態で行うことができる。また、アバターのように自分を仮の姿に置き換えてコミュニケーションをとることも可能であり、これでは「開放された窓」が大きくなるとは考えにくい。

では、直接会ってコミュニケーションをとれば何でも良いかというと、そう簡単にはいかないのである。コミュニケーションをとるということは、思っている以上に難しい面をもっている。例えば、伝える側の立場で考えてみると、イメージ力、把握力、表現力、伝える技術、言葉の選び方といった点がある。逆に受け手側の立場で考えてみると、興味の深さ、聞き取る力、理解力、想像力、まとめる力、表現力といった点が作用してくるのである。異なる個性や価値観を持つもの同士が情報を共有するということは、このように複雑になっており、「伝わらない」「伝えられない」という状況が起こっているのである。

また、近年の脳科学の研究では、携帯電話での会話と直接面と向かっての会話では、脳の活性度に差があるという結果が報告されている。この研究は、大脳の前頭前野の働きに着目し、光トポグラフィ装置を頭に装着し、そこから照射される近赤外線により脳内の血流量を測定し、比較を行ったものである。大脳の前頭前野は、人類の発達過程において、ヒトになってから発達した部分であり、人らしさの中枢といえる部位である。携帯電話を介した会話は、直接の会話と比較すると前頭前野の活性度が劣るという結果がでており、言葉を用いてコミュニケーションをとる人類にとって、大変大きな問題と言えよう。

人と人とがコミュニケーションをとるということは、そこから個と個が繋がりグループができ、グループと個が繋がることでそのグループは大きくなり、グループとグループが繋がることでネットワークが広がっていくのではないだろうか。これがまさに、コミュニティであり、コミュニティを構成するにはコミュニケーションが必要なのである。

３　「生きる力」と体験活動

「生きる力」とは

１９９６年、文部科学大臣の諮問機関である中央教育審議会は「21世紀を展望した我が国の教育の在り方」のなかで、子どもに「生きる力」を育くむことを目指し、家庭や地域社会が十分に連携し、バランスよく教育し、生活体験、社会体験、自然体験など、体験活動の機会を充実することを掲げている。この答申以降、体験活動の充実のための施策や、それに応じた事業が多く行われてきている。

２０１０年、文部科学省は新学習指導要領のパンフレットの中で、「生きる力」（図３-１参照）を以下のように述べている。

「生きる力」とは、変化の激しいこれからの社会を生きるために、確かな学力、豊かな人間性、健康・体力の知・徳・体をバランスよく育てることが大切です。

○基礎的な知識・技能を習得し、それらを活用して、自ら考え、判断し、表現することにより、さまざまな問題に積極的に対応し、解決する力

図3－1　生きる力

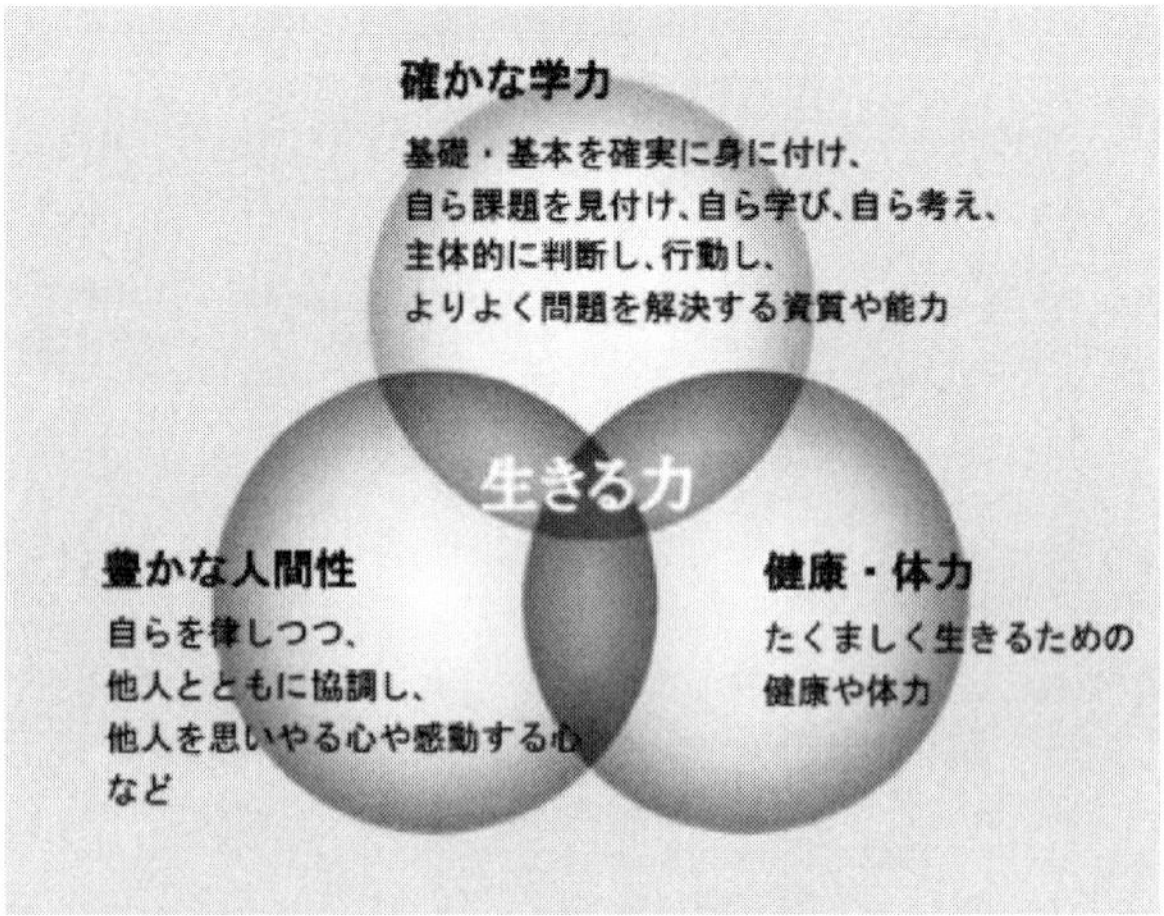
確かな学力
基礎・基本を確実に身に付け、
自ら課題を見付け、自ら学び、自ら考え、
主体的に判断し、行動し、
よりよく問題を解決する資質や能力
生きる力
豊かな人間性
自らを律しつつ、
他人とともに協調し、
他人を思いやる心や感動する心
など
健康・体力
たくましく生きるための
健康や体力

○自らを律しつつ、他人とともに協調し、他人を思いやる心や感動する心などの豊かな人間性
○たくましく生きるための健康や体力など

そして、この「生きる力」を育むためには、知識ばかりを詰め込むだけではなく、体験活動を通して、思考力・判断力等を育み、バランスの良い教育が必要だと述べている。

「生きる力」におよぼす影響

筑波大学の橘直隆氏と信州大学の平野吉直氏はキャンプ参加者の「生きる力」におよぼす影響を検証するため、2001年に「生きる力」という概念を具体的に構成する指標を明らかにし「IKR評定用紙」を作成した。

はじめに、学校教育者と野外教育者の約200名を対象に「生きる力」を現す具体的で現実的な言葉を自由記述してもらい、それらを精選し、約100項目の具体的な指標となる言葉を選択した。次に、それらの項目に対し、4種類（A：「生きる力」があると思われる男の子、B：「生きる力」があまりないと思われる男の子、C：「生きる力」があまりないと思われる女の子、D：「生きる力」があると思われる女の子）のタイプに特定の子どもを連想してもらい、学校教育者と野外教育者の約350名が評定した。その結果をもとに分析し、各項目の弁別力・妥当性の検討を行った。

その結果、「生きる力」は「心理的社会的能力」「徳育的能力」「身体的能力」の3つから構成されていると報告した。それら3つの指標は14の下位指標から構成されていると報告し（表3-1参照）、下位14指標各々について5項目（そのうち一つは逆転項目）、合計70項目から成る「IKR評定用紙」を作成した。

橘らは「IKR評定用紙」を用い、2001年夏期に実施された「子ども長期自然体験村」（13~31泊）54キャンプ、および独立行政法人国立少年自

表3-1　「生きる力」を構成する指標

生きる力	心理的社会的能力	非依存
		積極性
		明朗性
		交友・協調
		現実肯定
		視野・判断
		適応行動
	徳育的能力	自己規制
		自然への関心
		まじめ勤勉
		思いやり
	身体的能力	日常的行動
		身体的耐性
		野外生活・技能

然の家・国立青年の家が主催した自然体験活動（7～17泊）13キャンプ、合計67事業に参加した1279名（小学4年生～中学3年生）を対象に調査を行った。その結果、キャンプ前後で、14指標全てにおいて顕著な向上が見られ（統計0・1％水準）、長期キャンプが「生きる力」の向上に効果的であることを報告した。

その後、様々な研究者がこの尺度を用いて、様々なキャンプを対象に調査を行い、同様の結果が得られている。

また、橘らが開発した尺度は70項目からなる膨大なものであった。そのため、キャンプ等の現場において短時間で調査が行えるよう、国立青少年教育振興機構は28項目の簡易版を作成した。この簡易版も同様に、キャンプ後に顕著な「生きる力」の向上を示す結果が多く報告されている。

4　「社会人基礎力」と体験活動

「社会人基礎力とは」

「社会人基礎力」とは、図4－1に示されるように「前に踏み出す力」、「考え抜く力」、「チームで働く力」の3つの能力（12の能力要素）から構成されており、「職場や地域社会で多様な人々と仕事をしていくために必要な基礎的な力」として、経済産業省が2006年から提唱している概念であ

図4－1　社会人基礎力

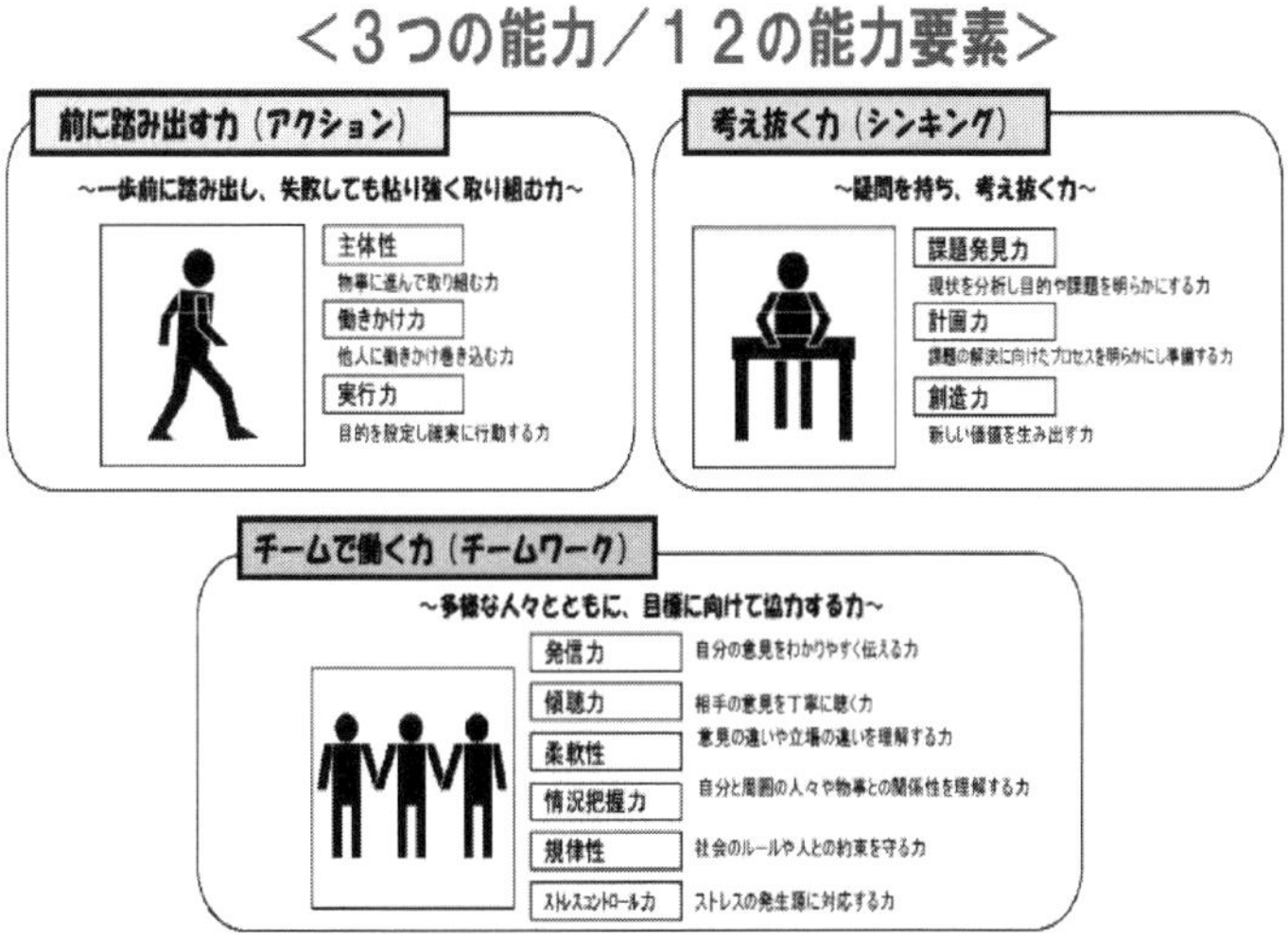
＜3つの能力／12の能力要素＞
前に踏み出す力（アクション）
～一歩前に踏み出し、失敗しても粘り強く取り組む力～
主体性
物事に進んで取り組む力
働きかけ力
他人に働きかけ巻き込む力
実行力
目的を設定し確実に行動する力
考え抜く力（シンキング）
～疑問を持ち、考え抜く力～
課題発見力
現状を分析し目的や課題を明らかにする力
計画力
課題の解決に向けたプロセスを明らかにし準備する力
創造力
新しい価値を生み出す力
チームで働く力（チームワーク）
～多様な人々とともに、目標に向けて協力する力～
発信力
自分の意見をわかりやすく伝える力
傾聴力
相手の意見を丁寧に聴く力
柔軟性
意見の違いや立場の違いを理解する力
情況把握力
自分と周囲の人々や物事との関係性を理解する力
規律性
社会のルールや人との約束を守る力
ストレスコントロール力
ストレスの発生源に対応する力

る。企業や若者を取り巻く環境変化により、「基礎学力」「専門知識」に加え、それらをうまく活用していくための「社会人基礎力」を意識的に育成していくことが今まで以上に重要となってきている。

この背景には、本来、これらの能力を磨く場として存在してきた家庭や地域社会の教育力の低下や、部活動や集団活動への参加率の低下するなどにより、若者の基礎的能力のばらつきが拡大してきていることがあげられる。

社会人基礎力への影響

２００６年に経済産業省より発行された「社会人基礎力に関する緊急調査」のなかの参考資料として、「企業が求める人物像と若者の認識のギャップ」を示したものがある。企業側のデータは、経済産業省が東証一部上場企業を対象に調査した、「求める人材」「若手社員に不足が見られる能力」である。一方、若者側のデータは、みんなの就職株式会社の「社会人基礎力に関するアンケート」である。この結果として、企業が求める人材と若者が強みと感じている能力の間に、「主体性」「実行力」「課題発見力」の3項目で特にギャップが大きいことが示されている。また、企業が若手社員に不足が見られると考える能力と、若者が弱みに感じている能力の間では、「主体性」や「課題発見力」に特にギャップが大きいことが示されている。

福岡大学の築山泰典氏らは、キャンプ経験が社会人基礎力におよぼす影響を検証するため、2006年に大学のキャンプ実習に参加した189名の学生を対象に、社会人基礎力の12の能力要素について自己評価調査を行った。調査は社会人基礎力12項目について「自分に力がある（自信がある）」「普通」「自分に力がない（自信がない）」の3件法で回答を求めた。その結果、「ある」との回答割合が高かった（60％以上）項目は「規律性（79・7％）」「傾聴力（74・8％）」「柔軟性（65・7％）」「主体性（61・5％）」「状況把握力（60・8％）」の5項目であった。

また、築山らは前述の経済産業省の調結果と比較し、企業が若者に求める社会人基礎力「主体性」「実行力」「課題発見力」において、キャンプ経験をした学生の回答が全国調査を大きく上回っていることを示している。

大阪体育大学の江口達也氏らは２０１２年に、専門学校で行われている教育キャンプの参加者を対象に社会人基礎力の調査を行った。調査は、キャンプ前後で社会人基礎力12項目について6件法で回答を求めるものである。その結果、３つの能力「前に踏み出す力」「考え抜く力」「チームで働く力」全てにおいて、キャン後に顕著な向上（統計　０・１％水準）が見られ、対象としたキャンプが参加者の社会人基礎力の向上に有効だったと報告している。

5　体験活動とコミュニティ

これまでの調査研究の結果から、体験活動を行うことは、コミュニティを構築する際やコミュニティ内で円滑な関係を保っていくために必要な資質を育むことに有効だということがわかってきた。体験活動が有効的な理由について考えていきたい。

はじめに、体験するということは、ホンモノが別にあり、それを模倣した状況や環境のなかで行動することにより、その活動を経験することではないだろうか。例えば、体験入学や職場体験等は、現地に赴き、そこに一定時間（期間）活動を行うものである。ある一部分を切り取って、その時間なり場所を経験することになる。その仕事に就けば、他にもさまざまな業務があるけれども、一部分を経験することで全体像を理解するきっかけをつくることができる。

つぎに、体験活動の中でも自然体験活動は、自然のなかで、不便な環境のなかで人と共同して活動を行ったり、困難を乗り越えたりする活動である。自然という環境ではあるが、そこで起こっていることやクリアする方法等は、社会生活に類似しており、自然体験活動は仮想コミュニティでの生活と捉えることもできる。

自然体験活動を行うことで、人は自然と向き合うことで冒険心をくすぐられたり、自然を克服することで達成感を味わったり、自然の中で活動することで心身ともにリフレッシュしたりすることができる。また、自然は、疲れているからといって、斜度が緩やかになったり、距離が短くなったりすることはなく、常に変わらない姿で存在し、時に厳しく、時に優しい表情を見せてくれる。そのようななかで行う自然体験活動は、人の成長に必要な要素を総合的に含んだ活動であると言える。

6 大学での実践例

淑徳大学コミュニティ政策学部の取組

淑徳大学コミュニティ政策学部は、一年次の必修科目である「コミュニティ研究II」を、夏季休業中に集中講義として行っている。本授業の目的は、「地域活動の現場に赴き、活動に主体的に参

表6-1　プログラム

	1日目	2日目	3日目
午前	大学集合・出発 自然の家到着 オリエンテーション	コース別フィールドワーク ①農業②林業 ③畜産④観光 ⑤農業⑥産業 ⑦漁業	フィールドワークのまとめグループワーク
午後	課題解決ハイク 野外炊事		フィールドワーク 発表・ふりかえり 自然の家出発 大学着・解散
夜	ミーティング	ミーティング	

与し、直接体験から学ぶことを通して、学習の方法や、他者とのネットワークつくり、主体的な意識の醸成を図り、コミュニティ研究Ⅰでの学びを展開していく場とする。」ことである。そして、単に体験するだけの授業ではなく、サービス・ラーニングの理念から、活動に直接的に関わることで、実際の生の情報や意見等を学び得る場である、としている。千葉県内の自然の家に宿泊し、学部の全教員が指導にあたっている。また、学生メンター約20名が指導補助を行っている。主なプログラムでは表6-1の通りである。

一日目の課題解決ハイクは、グループごとに自然の家周辺のチェックポイントをまわりながら課題を解決していくもので、グループ内のアイスブレイクと、グループで与えられた課題を解決することで、グループワークの進め方を学ぶ機会としている。その後の野外炊事では、グループごとに調理を行い、グループごとに夕飯を摂った。野外炊事は、空腹を満たすというわかりやすい目標のもと、グループ内で役割分担をして調理するという、グループワークの要素がつまった活動である。

2日目に設定した、本授業の中心プログラムであるフィールドワークでは、農業（稲作・畑作）、林業、畜産、観光、産業、漁業といった様々な業種に関わることで、生業を直接体験すると共に、各業種が抱えている問題や行政に期待すること等、生の声を聞くことができるプログラムである。自然の家（NPO法人）に協力を依頼し、活動内容等からフィールドワーク先を選定していった。三年間のフィールドワーク先は表6-2の通りである。

実際の活動内容については、サービス・ラーニングをキーワードに、小・中学校の体験ではなく作業的な内容を中心にしていただくよう依頼し、学生がお客様ではなく一従業員として従事できるよう打合せを行った。

学生たちには、事前に希望する業種（第3希望まで提出後調整）を選択し、行かされるという感覚ではなく、自ら選ぶことで積極的な動機付けを行った。また、事前学習として各々のフィールドワーク先について調べ学習を行った。

一般的に、授業後にレポートの提出等を義務づけることが多い。しかし、体験が生き生きとしている、その場でふりかえりを行うほうが、体験した内容を記憶に留め、より深い学びにつなげるこ

表6－2　「コミュニティ研究Ⅱ」フィールドワークの活動内容

	業　種	受入機関	活動内容
1	農業（稲作）	棚田の保存会	縄もじり、稲刈り、脱穀、野焼き等
2	農業（畑作）	個人農場	農場見学、袋詰め、販売店見学
3	林業	民間団体	薪割り、丸太の遊具作り（伐採、皮むき等）
4	畜産	個人経営	羊毛ストラップ作り、堆肥まき
5	観光	ボランティアガイド	ガイド体験、史跡めぐり
6	観光	道の駅	市町村合併により近接する道の駅の視察
7	産業	産業廃棄物処理場	環境実験、処理場見学
8	漁業	漁港	漁港散策、聞き込み調査、鰹節づくり
9	漁業	漁協	水揚げ、仕分け、競り
10	漁業	民宿組合	海士漁の体験、蓄養上見学
11	環境保全	NPO法人	ビーチクリーン、ビーチコーミング
12	観光農園	個人経営	果樹の剪定、害虫防除
13	地域	廃校利用の宿	地域運営の理解、清掃
14	公園管理	自然公園管理事務所	公園管理の現状、清掃

とができると考えられる。そこで、3日目にはフィールドワークの内容を、グループごとにまとめ全体でシェアする場を設け、それぞれがどのような体験をし、どのような学びをしたのかを共有させた。また、グループでのふりかえりの後、個人で活動をふりかえる場を設け、今回の体験を受け、自分自身をふりかえり、今後の大学生活や将来について考

えるよう工夫した。

主体的な学びとネットワークづくり

本授業を企画するにあたり、淑徳大学コミュニティ政策学部のアドミッションポリシーを踏まえ、学生が主体的に実践し、体験から学ぶ経験を意図的に設け、今後の学習の方法や、他者とのネットワークつくり、主体的な意識の醸成を図る場を設けることを中心に据え、プログラムデザインを行った。

また、現在の学生が便利な社会に育ち、主体性や協同性が欠けていると言われている現状から、あえて不便な環境のなかで活動を行うことで、自ら動く、考えるという意識を育むことを意識した。

本授業の付帯的な効果として、将来、公務員、社会教育主事等を目指す学生にとって、自治体や学校、公民館等で取り組まれている自然体験活動の手法を体験し学ぶことや、授業が行われない夏季休業中に行うことで、後期からの学校離れをくい止める方策にもなることが考えられた。

学生が主体的に学び、自ら集団と関わることや集団の中で活動ができるよう、以下のような点を工夫した。

①クラスを越えた班構成

2日目のフィールドワーク先を基本とし、通常のクラスを越えたメンバーでグループ編成を行った。これは、普段の大学生活とは異なる仲間と三日間ともに生活することで、新たな人間関係の構築および、グループづくりからグループワークへの経験をさせるためである。

②班長等の役割を設けた主体的参加の醸成

各班に班長を設定し、学生自身が責任をもって主体的に活動に参加できるよう促した。

③グループづくりとグループワークをねらった初日のプログラム

ほぼ初対面のメンバーが集まり、グループで意思決定をして活動するという過程を経験することで、グループで課題を解決する際のコミュニケーションの重要性等を学ぶ場と設定した。

7　教育とコミュニティ

1996年、中央教育審議会は「21世紀をめざしたわが国の教育の在り方」のなかで、「これからの地域社会における教育の在り方」について、子どもたちの「生きる力」を育くむために、地域社会のなかで大人やさまざまな年利の友人と交流し、さまざまな生活体験、社会体験、自然体験を豊富に積み重ねることが大切だと述べている。また、これらの地域社会の体験活動は、子どもが自らの興味・関心や自らの考えに基づいて自主的に行っていくという点で特に大きな意義があると述べている。

2008年、文部科学省は「教育振興基本計画」第3章「今後5年間に総合的かつ計画的に取り組むべき施策」のなかで、基本的方向を「社会全体で教育の向上に取り組む」とし、「身近な場所での学習機会の充実」を掲げている。さらに、以下のような4つの項目に分け、そのなかで「地域ぐるみ」や、「地域社会」、「連携」といったキーワードをあげている。

①学校・家庭・地域の連携・協力を強化し、社会全体の教育力を向上させる
②家庭の教育力の向上を図る
③人材育成に関する社会の要請に応える
④いつでもどこでも学べる環境をつくる

2009年、農林水産省、文部科学省、総務省が連携し「子ども農山漁村交流プロジェクト」を立ち上げ、小学校における農山漁村での宿泊体験活動を推進している。農林水産省では、受入可能地域の整備や情報提供を、文部科学省では、小学校へ長期宿泊体験活動の推進を、総務省では受け入れ地域の自治体や、市町村、都道府県に対する支援を行っている。

このように、地域の教育力に大いに期待が寄せられている。しかし現在、日本では各地で過疎化が叫ばれ、地域の力が失われつつある。地域の資源を見つめなおし、地域の特色を生かすために地域の人材を活用していかなくてはならない。

この一連の動きを後押しするのは、人材育成ではないだろうか。子どものころの体験により力をつけた大人や、体験活動をすることで人間の資質が育まれることを理解している大人が、各地に広まることで、より一層地域の力が蘇るのではないだろうか。

かつては通常に行われていたことではあるが、地域の活動が人を成長させ、その力を知る人が地域を支えていくというサイクルが重要なのでないだろうか。地域の力が失われている現代、社会に出る前に多くの経験を積み、地域の教育力や特色を理解した若者が、少しでも多く社会にでることを期待したい。

引用文献

石川久「コミュニティ政策学とその学習に関する考察」『淑徳大学総合福祉学部研究紀要』第44号、２０１０年。

国立青少年教育振興機構「子どもの体験活動の実態に関する調査研究」２０１０年。

中央教育審議会「21世紀を展望した我が国の教育の在り方」１９９６年。

文部科学省「新学習指導要領・生きる力」保護者用リーフレット、２０１１年。

橘直隆・平野吉直「生きる力を構成する指標」『野外教育研究』第4巻第2号、２００１年。

橘直隆・平野吉直・関根章文「長期キャンプが小中学生の生きる力に及ぼす影響」『野外教育研究』第6巻第2号、2003年。

経済産業省「社会人基礎力に関する研究会」中間とりまとめ、2006年。

経済産業省「社会人基礎力に関する緊急調査」2006年。

築山泰典・神野賢治・田中忠道「大学キャンプ実習が『社会人基礎力』に及ぼす有効性の検討」『福岡大学スポーツ科学研究』第39巻第1号、2008年。

江口達也・大杉夏葉・福田芳則「教育キャンプ参加者の社会人基礎力の変容」日本野外教育学会第15回大会プログラム・研究発表抄録集、2012年。

農林水産省「子ども農山漁村プロジェクトについて」2008年。

文献案内

星野敏男・金子和正監修、自然体験活動研究会編（小森伸一責任編集）『野外教育の理論と実践』（野外教育入門シリーズ第1巻）杏林書院、2011年。

星野敏男、平野吉直、川嶋直、佐藤初雄『野外教育入門―やさしくわかる自然体験活動』小学館、2001年。

農山漁村での宿泊体験による教育評価委員会「農山漁村での宿泊体験による教育効果の評価について」2010年。

終章

大学とコミュニティ——政策のプラットフォーム

この章では、今日、地域に住む人々の生活全般（厚生）の水準を高めるうえで展開されているコミュニティ政策と大学との関わりについて考えてみよう。特に、地域社会、郷土意識をキーワードに高等教育の担い手であり、そしてコミュニティ政策の主要な主体の一つでもある大学について、現代社会における大学の役割を見直すことは、地域科学や政策科学の観点からも興味深い問題であるからである。

1　現代社会の大学像

経済学から見た大学

大学は、道路、電気・通信施設、病院などと同様に社会的共通資本に含まれる。社会的共通資本とは、宇沢弘文東京大学名誉教授（1928年-）にしたがえば、「一つの国ないし特定の地域が、ゆたかな経済生活を営み、すぐれた文化を展開し、人間的に魅力ある社会を持続的、安定的に維持することを可能にするような自然環境や社会的装置である。」

社会的共通資本は、百貨店、スーパーマーケットやコンビニエンスストア、衣料や家電の量販店などで売買される商品と異なり、非排除性（お金を媒介にして専有や利用を制限できない性質）や消費あるいは利用するときに同時性・非競合性（混雑や行列が発生しない性質）という特性をもつ。財・サービスの物理的な特性とその生産・供給に関連して「技術的公共性」がある財・サービスとも言われる。このような社会的共通資本は、民間での個人的な供給が限定的か、あるいは不可能である。非排除性と非競合性とをあわせもつ財・サービスは、純粋公共財とも言われ、国や地方自治体がこうした財・サービスを税金を使って生産・供給している。

公共と共同

公共性は、「共同」という意味を含んでいる。『明鏡国語辞典』（第2版）によれば、「公共」とは「社会一般、民衆全体にかかわる」ことである。「共同」は「二人以上の人や団体が一緒に物事を行うこと。ある物事に対し、二人以上の人が同じ資格や条件でかかわる」ことである。

ある物事に同じ資格や条件で関わることを空間（場所）との関係で見ると、生態学者ギャレット・ハーディン（1915-2003年）は興味あることに気づいた。牧草地のような共有地（コモンズ）では、牛を飼育している人たちが思い思いに牧草地に牛を放すと、餌となる牧草地の草には限りがあるために、肥えるどころか放牧されている牛がすべてやせ衰えてしまい、最後には死んでしまう、という悲劇が起こる。農業用水、入会地、漁場・採貝場所など農業、林業、漁業の生産の現場では、共同は一般的である。そこから得られる利益（受益）とそれを維持・管理する費用との間に乖離が生じることが多い。これは共同の負の側面である。一人ひとりが他人をかえりみずに自分のみの利益を追求することに対する警告である。

大学は、共同という概念から見れば、経済学的には同様の特性を持っている。大学は通常は、共同の正の側面に注目する。建造物としての大学は、オペレーションソフトやアプリケーションソフトが必要なコンピュータと同様にそれだけでは価値がない。大学教育に対して、当事者が複数であり、一方では教員が、他方では大学生が関わりを持ち、教員と学生は、人的資本（教育によってもたらされるスキル・資質・知識のストック）を構成する。

確かに、大学教育から利益を受ける彼・彼女たちは授業料などの対価を支払っている。しかし、利益は彼・彼女たちが個人として独り占めするというよりも、彼・彼女たちの知的資本は、就職すれば企業に、あるいはコミュニティの一員として地域社会に活かすこともでき、第三者にも利益を与える。これは経済学の概念では正の外部性というが、後に見るように大学は地域コミュニティにとって、正の外部性をもたらす社会的共通資本である。

大学像の変遷

大学は、「ポスト産業社会の中心的組織である」と言ったのは、社会学者ダニエル・ベル（1919-2011年）である。ポスト産業社会は、工業化を経た産業社会（工業社会）がさらに発展し、産業構造において情報・知識・サービスなどを扱う第三次産業の占める割合が高まった社会である。

経済学者であるヘンリー・ロソフスキー・ハーバード大学元学長（1927年-）は、次のように指摘する。「大学は、新しい考え方や技術を産みだすと同時に、国や地域の文化を保持していく役割をも負っている。大学は、社会の指導者を養成し、また種々の専門技能を持った人たちを育てている。基礎研究は、ほとんどの大学で行われている。そして大学という研究機関が、いかに現代社会の中心に位置しているかを示す事実は、この他にもいろいろ挙げられる。」

もっとも、右のようなことをさらりと明言できるのは、世界の中で上位にある大学、特にハーバード大学のような米国の大学であろう。こうした大学は、独自の個性を作り上げている。経済学の言葉で言えば、製品の差別化ができている。マサチューセッツ工科大学やスタンフォード大学などは、後に言及するように、生み出され、提供される情報・知識・サービスなどは国というよりもむしろ州、または都市や地域に密接に関連している。

日本の大学

日本の場合はどうであろうか。

2012年8月31日に中央教育審議会から「新たな未来を築くための大学教育の質的転換に向けて~生涯学び続け、主体的に考える力を育成する大学へ~」と題する答申が発表された。背景には、①勉強していない学生、②密度が低い教育、③革新が生まれない教育システム、という問題点がある。多くの大学関係者や学生たちにとっては、耳の痛い内容である。

①については、日本の大学生の学習時間（授業、授業関連の学習、卒業論文）は4・6時間であり、大学設置基準の想定している学習時間（アメリカの基準）8時間の半分である。②については、開講科目数が多い、教員が個々の授業に費やす時間が少ない、自分で学習する時間が少ないため、

授業の密度が低く、体系的な知識の修得が不完全、教育成果の実感が生まれない、という特質が見られる。③については、大学教育改革を進めていくなかで、初年次教育、ファカルティ・デベロップメント（教員が授業内容・方法を改善し、向上させるための組織的な取組の総称、Facalty Development：FD）、欧米式成績指標（Grade Point Average：GPA）の導入などに取り組まれているが、個別教員の努力には限界があり、構造的、基本的な問題は残っている。

日本では、学士課程教育（4年間の教育課程）が「学部」の専権事項となっている。そのため、縦割りの学部では大学全体の改革推進につながらない。結果として、外部からの圧力、「黒船」に頼ることになる。

社会が大学を評価するのは、基本的には、4年間の学士課程教育である。それにもかかわらずフィードバックが確立しておらず、作用しても不完全であるのが現状である。そこで近年、学士課程教育を従来の学部教育といったような「組織」に着目したものでなく、大学教育課程を修了したことで国際的通用性のある知識・能力の修得証明である「学位」を与える課程に着目して整理し直し、質的な転換の必要が高等教育政策として示された。

ヨーロッパでは、「大学版欧州連合（EU）」といえる「ボローニャ・プロセス」と呼ばれる高等教育改革が推進され、ヨーロッパの大学全体のレベル向上が図られ、「評価」と「競争」を主体とする米国型大学へと変貌しようとしている。

もちろん、米国型大学に対する評価は、コインの裏表の関係にある。マリーアン・パースーンズ・ボローニャ事務局（ブリュッセル）調整担当の「大学は公益、という哲学は変わらない。象牙の塔だったのは過去のことで、市民の教育機会を増やし、就職市場を意識する時代なのです」、という指摘には、大学のあり方に対する見方が一つではないということを示している。

2　大学教育に求められるもの

大学教師の義務

18世紀の偉大な思想であるアダム・スミス（1723‐1790）の自由放任主義や19世紀初頭のデヴィッド・リカード（1772‐1823）の比較優位説などは、今もその意味を失ってはおらず、経済理論として細かく分析されて、初期の思想をはるかに超え、不朽の古典としてアルフレッド・マーシャルとその二人の弟子、ジョン・メイナード・ケインズとアーサー・セシル・ピグーに引き継がれた。現在実践されている最高のものを紹介し、この2つをバランスよく両立させることが、大学教育の本質である。そして、情報や新しい理論・解説の流れを次々生み出す状況とどのように付き合っていくかを学生に教えることこそ大学教師の義務である、ということにロゾフスキー教授の言を引くまでもなく、議論の余地はないであろう。

大学教育の構造

大学教育の構造は、学士、修士、博士という3段階からなる。さきに見たように、近年特に、学士課程に対する改善、改革の必要性が強く求められている。そこには、洋の東西を問わず、学士という学位が、彼・彼女たちの知的成長の頂点を意味するなら、とてもそんなものを授与できる状態ではない、という認識がある。

今日の大学生が大学生として社会的に容認されにくくなっている。一面では、その通りであろう。大学のユニバーサル化は、諸刃の剣である。一方では、高等教育の普及として評価されるが、他方では、大学はその教室や実験室、キャンパスで学びが「共有される空間」―これもコミュニティである―だから、その広がりは質の向上も劣化も学生相互、さらには教員相互に伝染し、相乗的な変化となっていく。

アクティブラーニング

今日の多くの大学が「学問」とは無縁なテーマパーク、レジャーランドであるとするならば、それを事実として受け入れることも必要であろう。学部教育の前半部分（一般教養）は進学率ほぼ100％に近い高校で、後半部分（応用・専門）は大学院前期課程に分離する。大学院後期課程は研究専門に特化する。学部教育では、理論と現実との関係を実践を通じて学んでいくという手法が考えられている。

では、理論と現実との関係を実践を通じて学んでいく「場」はどこで、どのような環境の下であろうか。

教師が教室で一方的に学生に知識伝達をする講義スタイルではなく、課題研究やプロジェクト・ベースド・ラーニング（Project based learning：PBL）、ディスカッション、プレゼンテーションなど、学生の能動的な学習を取り込んだ授業を総称した「アクティブラーニング」がある。タル・ベン・シャハー・ハーバード大学教授、ティナ・シーリグ・スタンフォード大学教授たちの講義スタイルは日本でも注目されたが、知識を使える人材を養成することが強く求められるようになってきた。単なる知識ではなく、自分たちを取りまく世界をよく理解して、状況にうまく対処するための知識、すなわち生産的知識を育むことは、経済、環境、医療、福祉、教育など、コミュニティ生活に関連する政策を考え、実践するときには不可欠である（第4章参照）。

アメリカンフットボール（ＮＦＬ）のチーム、サンフランシスコ・49ナイナーズの伝説のＱＢジョー・モンタナは「ジョー況判断」というＣＭで一世を風靡したことがある。いわゆるどこを切っても同じ顔がでてくる金太郎飴のようなものでなく、国や地域、コミュニティ、さらには個々の企業が抱える問題は異なり、その解答は一つではない。臨機応変に対応できるような実戦的な教育が求められているということである。

サービスラーニング

アクティブラーニングに対して、同様の趣旨から、サービスラーニングというものがある。サービスラーニングとは、ボランティア、コミュニティ・サービス、インターンシップ、あるいはフィールド教育で表わされるものではなく、学習コースに結びつけられた、明確な学習目標を核として組まれた教授法である。それは、学生が、一定の期間、社会活動を体験し、知識として学んだことを体験に活かし、また体験から生きた知識を学ぶ双方向の教育プログラムである。体験を通じて理論と実際とをフィードバックさせる。専門教育を通して獲得された専門的な知識・技能は、社会的活動の中で実際に活用されることで、現実社会で実際に活用できる知識・技能へと変化を遂げる。そしてそれは、小学校の児童、中学校や高校の生徒から大学生に至るまで学校教育全体に適用できる教育手法である。

サービスラーニングの原点は米国にある。参加民主主義の伝統を持つ米国ならではの教育観の表れでもある。いずれにしろ、今日の日本の大学教育に求められているのは、米国型の大学教育、言葉を換えて言えば、目的を設定し、首尾一貫して目的を達成するという合理性に基づいた教育であろう。

3　大学進学と地域性

競争と公平をどうバランスするか。これは教育政策の永遠の課題である。競争とは切磋琢磨という積極的な側面と敗者を生むという消極的な側面がある。前者の場合には効率性が高まる。後者の場合でも敗者復活戦が制度化され保証されていれば、効率性をそこなうことはない。これに対して、教育を受ける機会の均等を保証するような制度的な、経済的な側面から見た公平の問題がある。

諸外国の大学進学率

大学進学率は、大学教育に対する需要と供給の関係を示す一つの指標である。大学・短大等進学率を国別で見ると、２０１２年版『教育指標の国際比較』（文部科学省）によれば、日本（２０１１年）56・6％、米国（フルタイム、２００８年）54・5％、英国（フルタイム、２００８年）66・1％、ドイツ（２００９年）26・5％、フランス約41％（大学など高等教育機関入学者、複数登録があるため概数、２００９年）、韓国（大学・専門大学等、２０１０年）92・8％である。

1人当たりＧＤＰの大きさを見ると、日本3万３７２２ドル（18位）、米国４万７０２４ドル（3

図３－１　大学進学率と一人当たりGDP

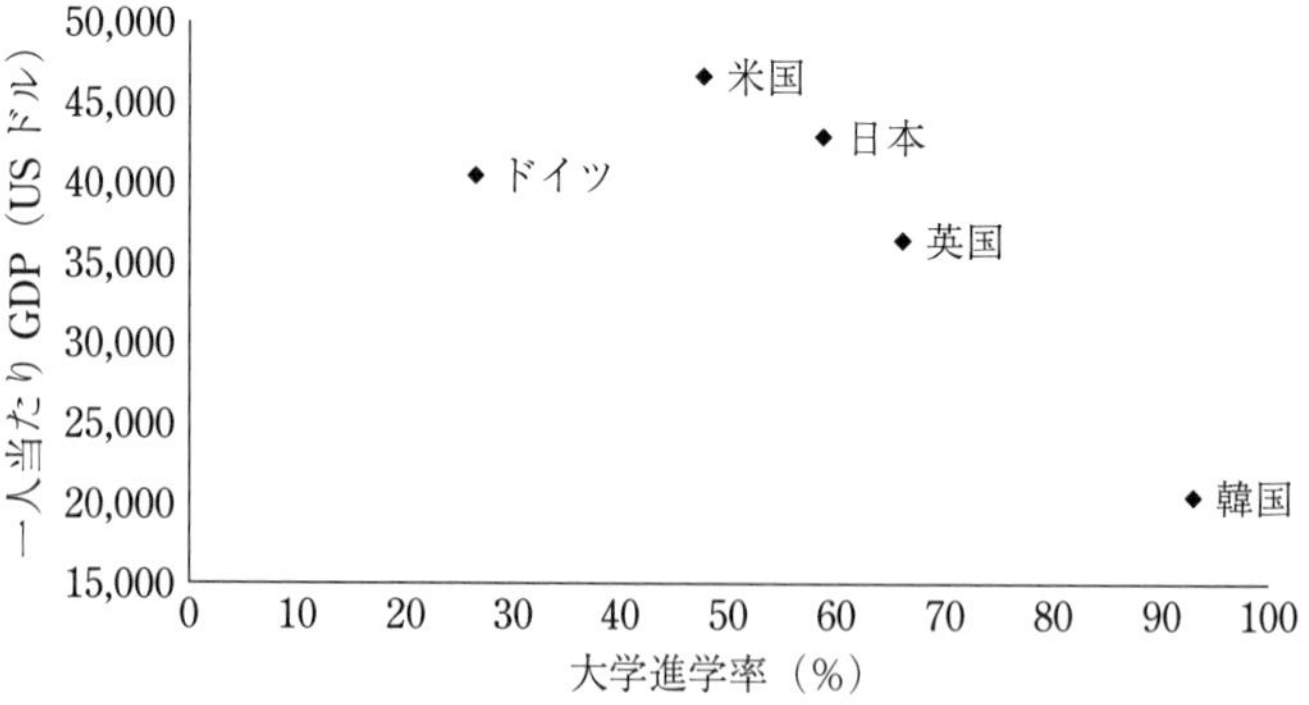

出所　文部科学省『教育指標の国際比較』（2010年版）、OECD Factbook 2011: Economic, Environmental and Social Statistics 2011より筆者作成。

位）、英国３万５９１７ドル（15位）、ドイツ３万７５６７ドル（12位）、フランス３万３８３５ドル（17位）、韓国２万９００４ドル（22位）、ＯＥＣＤ平均３万４０２５ドル（OECD Factbook 2011: Economic, Environmental and Social Statistics 2011）である。

大学進学率と対応させたのが図３－１である。一国の経済的な豊かさを実現していく基本的な要素は、教育であり、特に高等教育の水準が重要な役割を担っていることがわかる。

もちろん大学進学率の上昇を手放しで歓迎するわけにはいかない。学部大学は教育専門で学生の大量生産が目的となり、教師の質も学生の質も低くなる。量と質との間にトレード・オフの関係が成り立っている。しかし、大学進学率の高まりは、国ばかりでなく地域社会の発展には不可欠の要因の一つであることも確かである。

米国の学生は、大学に入学したとしても、他大学へ編入したり、またはDrop out（退学）するケースが多い。Drop outの理由は、学生の学力によるものと経済力によるものとがあるが、Drop outを防止するためにハーバード大学など主要な大学は、供給面での量的、質的な水準を高めることに真剣に取り組んでいる。最近脚光を浴びたハーバード大学マイケル・サンデル教授の講義風景は一例である。財政基盤を安定させかつ高めることによって、学部の教員の数も大幅に増やし、就学が続けられるように学生に対する奨学金支援と同時に、卒業生を動員して地方の優秀な学生を積極的に掘り起こすなど「開かれた大学」にする努力を怠ってはいない。

質の高い教育研究を提供する大学のほとんどは学生1人当り換算で潤沢な基金を有している。しかし、そこに完全な相関関係が存在するとは限らない。とはいえ、米国では近年、大学の財務健全化の手段として、大学の資金を共同運用する「コモンファンド」（Commonfund）が存在感を高めている。コモンファンドは、1969年にニューヨーク州の特別法に基づいて設立された非営利の資金共同運用機関であり、イェール大学、スタンフォード大学、カリフォルニア大学、ミシンガン大学などが加わっている。

日本の大学の地域集中度

日本には大学が783校ある。うち私立大学は605校で全体の77・3%を占めている。地域別に見ると東京圏には225校（東京都138校、神奈川県29校、埼玉県29校、千葉県29校）、大阪・京都圏には138校（大阪府56校、京都府32校、兵庫県50校）がある。中京圏（愛知県のみ）には51校がある。大都市圏に全体の52・9%の大学が立地している。都市別に見ると上位3市では東京23区には94校、京都市に26校、神戸市に20校がある（2012年度「学校基本調査」（速報値））。

右の行政区について人口10万人当たり大学数で見ると、東京都1・05校（全国順位2位）、神奈川県0・31校（43位）、埼玉県0・42校（33位）、千葉県0・45校（28位）、大阪府0・62校（17位）、京都府1・18校（1位）、兵庫県0・71校（8位）、愛知県0・69校（14位）である（数値は総務省統計局編『統計でみる都道府県のすがた2012』による）。

日本における大学教育の供給面における地域的な特徴は、大都市圏に集中していることがわかる。関東では、東京都および23区に1極集中している。関西では、大阪、京都、神戸と3極に分散して集積している。

進学率と地域密着度

出身校高校所在地県の大学への入学者割合、すなわち地元での大学入学率を右の行政区で見てみよう。愛知県が72・6％で1位、東京都62・9％（4位）、大阪府55・1％（7位）、京都府50・1％（9位）、兵庫県46・6％（11位）神奈川県44・7％（12位）、千葉県34・4％（19位）、埼玉県33・3％（21位））である。

大学が集積しているから、地元大学への入学率が高いからといって必ずしも地域社会が大学を地域に固有の社会的共通資本であると考えられていないことに注意しておこう。日本では米国社会の地方都市に顕著な郷土意識に支えられた大学が少ないようである。地域社会にとっては、大学という社会的装置が有るか無いかが地域の特徴や優劣を示す指標にはなっていない、ということであろう。

4　大学間競争と郷土意識

先に述べたように、米国の大学は、製品の差別化ができている。この製品差別化を可能にしているのが、「競争」である。

競争は、周知のように福沢諭吉が導入したcompetitionの邦訳であるが、ビジネスと同様に大学教育においてもより効率よく、より効果的に機能する。そして競争の原動力となっているものの一つに郷土意識が挙げられる。competeはstrive、すなわち努力する、励むことを意味している。

郷土意識が強いか、それとも弱いかによってそれぞれの地域に立地する大学の個性に差が生じる。地域に根ざした大学、すなわちユニバーシティーがまちの中心となり、まちの名前と大学とが顕著に結びつき、そこに郷土意識が加わった形で競争が行われる。それが欧米の大学の特徴である。

日本の地方大学に平均して見られるのが、「地域に開かれた大学」という謳い文句である。この謳い文句は、約15年前、かつて筆者が地方の政策系大学の学部長時代、「政策」と「地方分権」が、グローカリズム（グローバリズムとローカリズムとの合成語）とともに脚光を浴びた時代の政治の風潮を反映している。先鞭を付けたのは高崎経済大学地域政策学部であった。地域科学、地域経済学、地域政策から地域経営まで「地域」が重要なキーワードであった。

文部科学省では近年、国公私立大学を通じて、教育の質向上に向けた大学教育改革の取組を選定し、財政的なサポートや幅広い情報提供を行い、各大学などでの教育改革の取組を促進するため、GP（Good Practice）を「特色ある大学教育支援プログラム」（特色GP）、「現代的教育ニーズ取組支援プログラム」（現代GP）および「質の高い大学教育推進プログラム」（教育GP）に分けて実施している。高崎経済大学地域政策学部は、特色GPおよび教育GPの採択校として、地域再生への学生参加プロジェクトに着手した。公立大学として役割を果たさなければならないという面がある一方、国立大学や私立大学に比べて、学生とコミュニティとの関係は密接であり、地域コミュニティの学生や大学に対する期待は大きいと言えるであろう。

２０１２年度から、文部科学省では、国公私立の設置形態を超え、地域や分野に応じて大学間が相互に連携し、社会の要請に応える共同の教育・質保証システムの構築を行う取組のなかから優れた取組を選定し、補助する事業として「大学間連携共同教育推進事業」を実施している。そのうちの地域連携部門は、競争と郷土意識とを結びつけることによって、大学改革を促そうとしているようである。

5　地域と大学連携

コミュニティという概念には、特別な意味が含まれていることに注意しておこう。英語では、community で表記されるが、com- の部分に着目すれば、先に触れた共有地も commons で表記され、col- や con- とともに together や jointly の意味を持つ接頭辞である。co- の部分に限れば、空間における共同（cooperation）に関連している。スイスの基礎自体は communes と呼ばれ、これもコミュニティである。

コミュニティをどのように定義するかは、必ずしも容易ではない（序章参照）。しかし、国民生活審議会調査部会が報告書『コミュニティ―生活の場における人間性の回復―』（１９６９年９月）のなかで「生活の場において、市民としての自主性と責任を自覚した個人および家族を構成主体として、地域性と各種の共通目標をもった、開放的でしかも構成員相互に信頼感ある集団」と定義している。コミュニティは、簡潔に言えば、「人のつながり」である。

この報告書は、地域住民の生活の質を高めるための政策を展開する考え方を示している。国民生活審議会調査部会の報告書を受ける形で、総務省が自治省時代の１９７０年代から今日まで国のコミュニティ政策実施・展開の主体となっている。

１９９５年1月17日に、神戸市を中心とする阪神・淡路地域に大地震が発生し、人的には6、０００人を超える死者、4万人を超える負傷者、橋梁、道路、家屋などの建造物の倒壊など大きな被害をもたらした。これをきっかけにボランティア活動とコミュニティに対する国民の認識を大きく変化させた。１９９５年は「ボランティア元年」とも言われている。

２０１１年3月11日には、阪神・淡路大震災以上の規模で地震と津波が発生し、甚大な被害をもたらした。東日本大震災では、積年の問題でもある住民減少と高齢化を加速させ、コミュニティの崩壊を阻止することが喫緊の課題となった。このことが、改めてボランティア活動とコミュニティに対する国民の認識を大きく変化させた。こうしたなかで、復旧作業を支援した大学、大学生の活動を看過するわけにはいかない。支援活動は、筆者が所属する淑徳大学でも地域支援ボランティアセンターを中心に、現在も続けられている。

図４－１　コミュニティ政策の主体

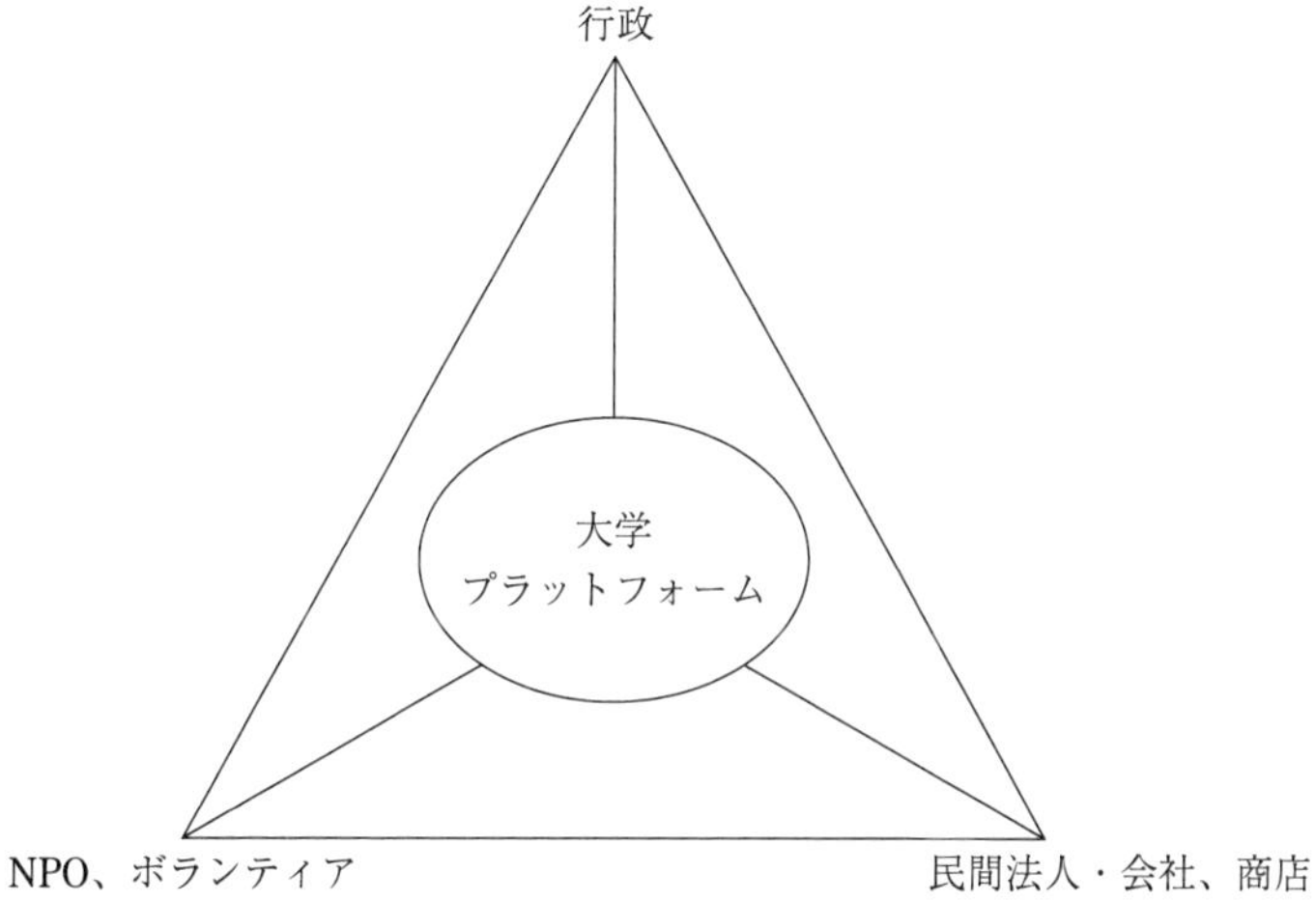

筆者作成。

大学の社会貢献

大学の社会貢献は、中央教育審議会答申『我が国の高等教育の将来像』（２００５年）のなかで、教育、研究とともに「第３の使命」として明示された。大学の社会貢献は、大学評価を背景に国よりもむしろ地域に対する経済的貢献に重きを置いた産学官連携に注目されることが多い。地域経済の発展には、民間企業、地方自治体、地域住民などさまざまなプレーヤーが関わっている。

地域社会の発展と連携について、その問題解決にあたり重要な考え方がある。２００５年の答申にもあるように、大学も主要な役割を果たす主体である。コミュニティ政策を展開していく時の社会経済関係は図４－１に示されよう。

地域と大学との連携事業には、いくつかのパターンがある。典型的には、一つには地域経済の発展とイノベーションとの観点からのもの、二つには地域医療・福祉、地域教育との観点からのものに分けることができる。

前者には、例えば米国では、スタンフォード大学とシリコンバレー、マサチューセッツ工科大学とボストン、カリフォルニア大学サンディエゴ大学とバイオ・通信技術のあるサンディエゴ、ノースカロライナ大学チャペルヒル校、デューク大学とサーチトライアングルパークがある。米国の場合は、先端技術を重視し、その開発に果たす大学の役割が、国や地域経済の成長にとって不可欠であることを如実に示している。

後者の例には、例えばドイツでは、バイエルン州フランケン地方にある人口約10万人の医療都市エアランゲンにおける産官学を結ぶクラスター政策がある。医療分野の知的基盤を支えているのは、2万6000人の学生が学ぶフリードリッヒ・アレキサンダー大学エアランゲン＝ニュルンベルクである。経済政策として医療を柱にしたエアランゲン＝ニュルンベルク大学、シーメンス社、そしてビジネス・インキュベーター（起業家支援のための仕組み）の存在は街のポテンシャルを顕在化させている。

地域経済の発展、活性化

米国に対して日本では、どちらかといえば、企業というよりも行政との関係が強い。日本の場合、注目されるのが大学の地域社会に対する経済貢献である。日本経済新聞社産業地域研究所は、大学の研究成果や人材が地域にどの程度役立っているか「地域貢献度」について調査を実施し『日経グローカル』に公表している（２０１１年は全国７５４の大学を対象）。

「商（あきない）店」が「閉（あかない）店」になっている駅前の通称シャッター通りや空洞化する地元商店街の再生、地域住民、特に高齢者の「買い物難民」は、予想されたとはいえ、コミュニティ崩壊による現代の問題である。そして、過大と膨張をともなった高度経済成長時代に展開された郊外大団地住民の将来の姿であった。例えば、地域公共の場における商店街の戦略的再生として、大学をプラットフォームとした商学公連携のケースが見られる。この場合、最初から明確な目標を設定することが容易ではない。しかしながら、一方では、大学は一つの実践的教育や研究の場を得ることができる。他方では、行政が商学公連携をデザインすることで、地域再生のきっかけをつかむことができる。

地域に密着した大学が郷土意識を背景に、一つのコミュニティ、地域だけでは解決が困難となり、日本の場合、先に述べたように国（文部科学省）主導の下に「大学間連携共同教育推進事業」のうち地域連携部門が展開されている。

ところで都市再生本部は、２００4年6月に都市再生プロジェクトとして「大学地域連携まちづくりネットワーク」を立ち上げていた。取組の意義を次のように表している。少し長くなるが、引用して示しておこう。

「①大学は、地域にとって、まちづくりを進める上での貴重な資源であり、重要なパートナーです。まちづくりの課題に関する研究・教育、まちづくりを支える人材育成、社会人教育、都市の賑わい・活力の源泉である学生の存在とそのエネルギー、留学生等との国際交流の機会の提供、まちづくりと調和したキャンパスの形成、施設開放など、大学は地域にとって多面的な存在価値があり、これらをまちづくりに活かすことが求められています。

②また、大学側にとっても、地域への貢献を通じ、地域における存在価値・評価を高めることができます。地域を教育のフィールドとして活用することにより、特色ある実践的・効果的な教育を行うことができます。大学自身が地域に支えられる存在であり、地域社会の活性化は大学の活性化のためにも必要といえます。

③さらに、大学の地域貢献への取組に対して、地域が、活動の場やまちの既存ストックの積極的な提供、地域に出ていく学生に対する理解と暖かいもてなし等により支援することにより、競争力の強化を目指す大学と自立・発展を目指す地域の双方が共に発展し地域全体の活力

が向上する好循環が構築されます。」

都市再生機構が、地学連携を重視し、大学を地域コミュニティの社会共通資本として理解していたことを知ることができるであろう。

日本の場合、地方自治体が同じ行政区域内に立地する大学を資源とみなし、自治体と大学との間で、地域における活動や調査・研究、産業振興、地域づくり等様々な分野において相互に協力することを目的とした協定（包括協定）が結ばれるなどによって、地域活性化政策や事業の展開を図る、というのが平均的な姿である。これに対して、地域と大学とが連携する、地域に貢献することに関する大学側の誘引は、少子化と一八歳人口の減少による大学の危機管理の影響が強く作用しているものと考えられる。

地域での生活の質

大学による正の外部性から利益を受けるのは、地域社会である。日本の地域社会は、少子・高齢社会にあり、地域コミュニティの持続可能性は、地域住民の生活の質がいかに保証されるかにかかっている。地域の経済や環境問題はもちろんであるが、地域の医療と福祉、教育の確保と向上はコミュニティ政策の重要な目標である。

日本国憲法は、その25条において、国民がどこに住もうとその時代に対応した標準的な生活を営む権利を保障している。25条の「生存権の保障」を基盤とし、その上で、憲法13条「幸福追求権」の実現をめざす。

行政は、国の政策として、あるいは個々の地方の政策として、それぞれ中心的な役割を果たしている。しかし、社会の課題を解決するための道具はコミュニティデザインである、と言っているのは京都造形大学の山崎亮教授である。人のつながりをどのようにデザイン（工夫）するか、そのときの重要なプレイヤーが大学であり、大学生たちである。

地域医療・福祉教育

大学と地域医療、コミュニティとの関係は、例えば古くは九州大学による地域住民の健康管理に見ることができる。九州大学大学院医学研究院環境医学分野久山研究室は、１９６１年から、福岡市に隣接した糟屋郡久山町（人口約８４００人）の住民を対象に脳卒中、心血管疾患などの疫学調査を行っている。医療費の削減に直接貢献はしないが、町ぐるみの協力で、剖検率・健診受診率ともに約80%である。住民の健康と大都会福岡市の水の供給源、言い換えれば環境における健康の管理が久山町の基本理念となっている。最近では、東日本大震災からの復興事業の一環で、東北大学と宮城県が遺伝子研究と地域医療の推進に向けて連携協定を結んだ。期間は２０１２年から10年である。これは、高齢化といわゆる過疎化が同時進行する地域社会の政策問題である。

多くの福祉系大学では、年少者も高齢者も、障がいのある人もない人も、国籍や言葉の異なる人も、すべての人々がこの社会の中で、誇りをもって、心豊かで幸せな生活を送ることができるようにすること、「福祉と共生の公共空間」すなわちユニバーサル・サービスのデザインを描くことを福祉教育のめざす目的としている。

ソーシャル・キャピタル

人々の協調行動を活発にすることによって、社会の効率性を高めることができる。「信頼」「規範」「ネットワーク」といった社会組織の特徴をソーシャル・キャピタルという言葉で表現するときがある。住民の市民的な結びつきの衰退を懸念した代表的な研究者の一人であるロバート・デービット・パットナム（１９４０-）は、地域コミュニティにおける社会的な信頼関係や住民の積極的参加を、この概念で捉えた。

先に見たように、大学教育とコミュニティとの関係で見たときに特異な地位にあるのが京都である。京都市は、１９９３年に「大学のまち・京都21プラン」を策定し、それに基づいて、立命館大学、龍谷大学、同志社大学などを中心とした大学によって構成された公益財団法人大学コンソーシアム京都が、京都市内の私立大学間での単位互換だけでなく、社会人のための単位取得プラン「京

(みやこ)カレッジ(2006年度まではシティー・カレッジ)」や、産学連携事業も行っている。また、大学と地域の連携について、2007年度(2008年3月)には「大学のまち京都推進会議」は「学生のまち」および地域連携推進システムの構築を主な推進課題に据え、「大学のまち・京都」の発展に寄与するための事例研究をまとめている。

大学が地域と連携するための条件、すなわち経済、環境、医療、福祉、教育といったコミュニティ政策を展開していくための条件は、地域によってそれぞれ異なる。確かに地域住民と大学との適合性もあるであろう。思いつきは所詮思いつきで一過性の、一時的なものである。だからこそ、確固とした一般モデルを創り、それに基づいて個々の地域特性に対応した応用モデルを展開することは重要であり、そこに政策のプラットフォームとしての大学の役割がある。

引用文献

ヘンリー・ロソフスキー(佐藤隆三訳)『ロソフスキー教授の大学の未来へ—ハーバード流大学人マニュアル』TBSブリタニカ、1992年。
ティナ・シーリグ(高遠裕子訳)『20歳のときにしっておきたかったこと スタンフォード大学集中講義』

阪急コミュニケーションズ、2010年。

タル・ベン・シャハー（成瀬まゆみ訳）『ハーバードの人生を変える授業』大和書房、2010年。

大宮登・増田正（編著）、高崎経済大学附属地域政策研究センター（編集）『大学と連携した地域再生戦略～地域が大学を育て、大学が地域を育てる～』ぎょうせい、2007年。

小林英嗣＋地域・大学連携まちづくり研究会（編著）『地域と大学の共創まちづくり』学芸出版社、2008年。

宮田由紀夫『アメリカにおける大学の地域貢献　産学連携の事例研究』中央経済社、2009年。

山崎亮『コミュニティデザイン　ひとがつながるしくみをつくる』学芸出版社、2011年。

都市再生本部（http://www.kantei.go.jp/jp/singi/tosisaisei/dai15/15gijisidai.html）

文献案内

青木昌彦『移りゆくこの十年　動かぬ視点』（日経ビジネス人文庫）、2002年。

奥山清行『伝統の逆襲―日本の技が世界ブランドになる日』祥伝社、2007年。

高松平蔵『ドイツの地方都市はなぜ元気なのか―小さな街の輝くクオリティ』学芸出版社、2008年。

松井彰彦『高校生からのゲーム理論』ちくまプリマー新書136、2010年。

日本経済新聞社（編）『教育を問う』日本経済新聞社、2001年。

あとがき

本書を閉じるに当たって、その基本的なことについて若干のコメントをしておこう。それは、本書がなぜこのような構成になったかに関わることである。

「地域社会」が、簡単には外国語に訳せぬ独特の意味内容を持った日本語であるように、「コミュニティ」もまた同様に容易に日本語に訳すことができない独特の意味内容を持った外国語（カタカナ語）である。福祉・医療、家族、環境、教育、歴史・文化、犯罪防止・交通安全、防災、そして経済など複数の政策目的があるが、いずれも人びとの厚生（生活水準の量と質）に関わる国の公共政策の問題であった。ところが現代では、特に阪神・淡路大震災や東日本大震災を大きなきっかけに、それが「地域社会」の問題であり、また「コミュニティ」の問題として今まで以上に強く意識されるようになってきた。

再生あるいは活性できる、つまり、知恵と努力次第で繁栄が可能な地域についてのみ妥当するのが「地域社会」という言葉であるといわれる。これに対して、本書を通して重要な概念なので繰り返し強調しておくが、コミュニティは、知恵と努力は言うまでもなくそれ以上に「つながり」を基礎とする。本書では、その「つながりの政策」として福祉、家族、教育、経済を取り上げた。ここでの執筆者たち、特に若い研究者たちは、一方では日々教育にたずさわりながら、他方ではそれぞれの専門領域で現実社会と対峙しており、いわば臨床医として直面する問題を解析し、その解決に相応しい処方箋を描き、治療を行おうと、「つながりの政策の森」に一歩を踏み出したばかりである。

「コミュニティ」で起こる問題を手っ取り早く知るためにはどのような方法、手段があるのだろうか。新聞を開けてみよう。特に、社会欄や地域欄、そこには本書で取り上げられたことはもちろんのこと、わたしたちの日常生活で身近に起こった事柄を容易に見つけることができる。では、なぜその記事は書かれたのであろうか。その記事からわたしたちは何を学び取り、日々の暮らしに活かすことができるのだろうか。他方、現代はインターネット社会であり、一面では虚構の社会でもあり、また匿名の社会でもある。そこではコミュニケーションのあり方が問われるとしても、様々な情報は、思考・判断時に不可欠のインプットになっている。もっともインプットされる情報の真偽を見極めなければならないけれども。

コミュニティが解決しなければならない問題は、ラグビーやアメリカンフットボールで使われる楕円球のように、一度地面に転がるとどの方向に転がるのか予測がつかない。しかしだからと言って、転がるボールを追いかけることをあきらめるわけにはいかない。たとえば、ゴミの分別収集は日本国内では当たり前になりつつあるのに、なぜシリコンバレーでは行なわれないのであろうか。「世間はいきている、理屈は死んでいる」という言葉がある。特にコミュニティ政策とデモクラシーの関係は、問題解決の方向を決定する。政策を選択し決定する政治家は、一般に現実を重視するあまり（少なくとも心の中で）学問を軽視し、学者は正にその逆であるのは世界各国で共通に見られる現象である。しかし、この国ではその程度がひどすぎること、これこそが昔も今も軽視してはいけない死角である。政策を「学ぶ」ことの意義はそこにある。

本書は、もともとはコミュニティ政策学部とは何か、コミュニティ政策とは何か、このことを共に考え、対外的にも広報の役割を果たせるようなガイドブックをつくってみてはどうか、という筆者がコミュニティ政策学部教育向上推進委員会の委員長に就いていたときの「思いつき」に端を発している。委員会でも同意を得られたこと、そして幸い2012年度淑徳大学研究助成出版助成を受けることができた。石川久学科長の執筆協力を得て、このようなかたちで若手中心の一つの成果として「コミュニティ政策学部編」という形で出版することができたことは、同慶の至りである。

出版に際しては、学内関係者はもちろん、出版の場を与えていただいた成文堂の阿部耕一社長、筆者が個人的にも長年お付き合いをいただき、今般の出版の相談に応じていただいた本郷三好氏、そして熱心な助言と実際の労をとっていただいた編集部の飯村晃弘氏には記して感謝の意を表します。

寺本　博美

執筆者紹介（掲載順）

石川　　久（いしかわ　ひさし）
淑徳大学コミュニティ政策学部教授　序章担当
本多敏明（ほんだ　としあき）
淑徳大学コミュニティ政策学部助教　第1章担当
青柳涼子（あおやぎ　りょうこ）
淑徳大学コミュニティ政策学部専任講師　第2章担当
矢尾板俊平（やおいた　しゅんぺい）
淑徳大学コミュニティ政策学部専任講師　第3章担当
瀧　　直也（たき　なおや）
淑徳大学コミュニティ政策学部専任講師　第4章担当
寺本博美（てらもと　ひろみ）
淑徳大学コミュニティ政策学部教授　終章担当

コミュニティ政策のはなし

2013年3月20日　初版第1刷発行

編　者　淑徳大学コミュニティ政策学部
発行者　阿部耕一

〒162-0041　東京都新宿区早稲田鶴巻町514番地
発行所　株式会社　成文堂
電話 03(3203)9201(代)　Fax 03(3203)9206
http://www.seibundoh.co.jp

製版・印刷・製本　シナノ印刷

ISBN978-4-7923-8071-7　C3036　**検印省略**

定価（本体1800円＋税）